COMMENT BIEN CUISINER UN MAMMOUTH ?

UTA SEEBURG

COMMENT BIEN CUISINER UN MAMMOUTH ?

L'histoire de l'humanité en cinquante plats

Traduit de l'allemand
par Frederick Bronsen

BUCHET • CHASTEL

Titre original
Wie isst man ein Mammut ?
– in 50 Gerichten durch die Geschichte der Menschheit

Éditeur original
DuMont, Cologne, 2023

ISBN 978-2-283-03968-7

À mes parents
– constamment affamés de connaissances,
d'histoires et de bons plats.

Salutations de la cuisine

C'est vrai, je m'étais imaginé que ce serait simple : avec ce livre, je voulais entreprendre une promenade culinaire à travers l'histoire de l'humanité, pour ainsi dire fourchette en main – jeter un coup d'œil dans les casseroles utilisées jadis à Babylone, me mettre à table avec les Romains, boire bruyamment une soupe aux vertus médicinales au Moyen Âge, et peut-être, pour conclure, déguster une cassolette de petits pois déconstruite façon cuisine moléculaire. Chacun de ces plats est le reflet de son temps, chacun dit quelque chose sur ce qui a mû les hommes à une époque bien précise, sur les sujets occupant leurs pensées – et sur ce qu'ils savouraient.

Mais, assez vite, j'ai dû reconnaître que cette promenade n'allait pas rester de tout repos. La fourchette allait probablement devoir s'aventurer aussi dans pas mal de tréfonds. Car la nourriture, qui pourvoit en tout premier lieu aux besoins les plus fondamentaux de l'humanité, devient un menu, une source de surprises de toutes sortes dès qu'on y regarde de plus près. La nourriture est au fondement de nos sociétés et de nos communautés, mais elle témoigne aussi des rapports de puissance et de l'impitoyable hiérarchie sociale. Elle est un bien national jalousement gardé. Les débats consacrés à la nourriture prennent toujours une tournure politique, celle-là peut même devenir un vecteur de désobéissance civile. Les plus sombres chapitres de l'histoire de l'humanité trouvent leur origine dans l'absence de nourriture, les famines, dont il n'est pas rare que ces dernières soient suivies de périodes de bombance excessive. La nourriture est naturellement une source de plaisir, mais elle est aussi souvenir, évasion et nostalgie.

J'ai rencontré tous ces phénomènes au fil de mon périple culinaire. Et je me réjouis maintenant de vous accueillir à ce buffet. Il va vous falloir montrer de l'appétit !

Vers 11000 avant notre ère

Mammouth grillé, Amérique du Nord

Il est besoin de deux choses pour cuisiner un plat : une source de chaleur ainsi que des ustensiles permettant de couper des aliments en petits morceaux et de les préparer. Ensuite il faut que quelqu'un s'occupe des ingrédients. C'est au moyen de ce concept en apparence simple que l'homme a mené à bien son étonnante évolution : ce discret charognard accroupi derrière un buisson, le cœur battant à tout rompre, attendant que quelques machairodontes sauvages finissent de déchiqueter un bison et que les hyènes venues prendre le relais réservent un sort aux derniers restes, pour pouvoir ensuite, enfin, s'avancer furtivement jusqu'aux os rongés et les briser avec son coup-de-poing afin d'en sucer la moelle, cette créature peu prometteuse a tout de même fini par se hisser au sommet de la chaîne alimentaire. (On se contentera de rappeler à ceux qui considèrent qu'il est grossier et archaïque de récurer des os, d'une façon ou d'une autre, que l'on peut aujourd'hui encore se procurer chez certains antiquaires ayant pignon sur rue des cuillères à moelle en argent ciselées de très charmante façon, dont la forme parfaitement oblongue permet d'atteindre le moindre recoin de l'os que l'on déguste. Ces cuillères proviennent notamment des très distinguées maisons de maître victoriennes.)

De surcroît, et par souci de justice, il faut dire que la moelle osseuse est exceptionnellement riche en protéines. C'est notamment grâce à elle que le cerveau humain s'est développé harmonieusement, les humains pouvant dès lors grâce à leurs capacités mentales grandissantes concevoir des outils toujours plus complexes. C'est ainsi que l'idée leur est venue de dompter le feu. Et c'est ainsi aussi que les hommes – quelques centaines de milliers d'années se sont écoulées depuis – ont pu cuisiner, faire cuire à petit feu, rôtir et fumer de la viande et des légumes qui, autrement, si on les avalait crus, seraient bien difficiles à digérer, et même immangeables, voire toxiques. Il est fort possible que la cuisson ait été « inventée » dans la foulée de tel ou tel incendie de forêt, à la suite de la découverte, parmi les troncs d'arbres calcinés, de quelques carcasses de bêtes brûlées dégageant un arôme particulièrement intense.

Il y a vingt mille ans environ, à l'âge de glace, la surface de cette mer qu'on appellerait plus tard le détroit de Béring gela à tel point qu'un groupe d'humains particulièrement aventureux fut en mesure de rejoindre le continent américain. Ces hommes devinrent des chasseurs extrêmement efficaces dont le goût insatiable pour la viande fut probablement à l'origine de l'extinction des mammouths, des cerfs géants et des paresseux géants. Leur culture s'est vu donner le nom du premier lieu où furent découvertes leurs pointes de javelot en silex : Clovis.

À côté de la pure et simple nécessité organique de s'alimenter, la nourriture a également toujours eu une dimension sociale dont l'essence change d'une période à l'autre. À telle époque, c'est le fait de se retrouver tous ensemble autour d'une table qui prévaut ; à telle autre, ce sont les mets posés sur la table qui permettent de montrer à quelle couche de la société on appartient. À certaines périodes, c'est le moment de la journée où l'on sert à manger qui importe en premier lieu, alors qu'à d'autres on s'intéresse soudain pour le principal à la préparation culinaire elle-même, à tous les beaux petits instants lors desquels le beurre se met à fondre en grésillant, où une sauce fumante arrive à ébullition et où le moment vient d'arroser le rôti. Les réflexions culinaires de nos chasseurs de gros gibiers de la culture Clovis devaient tourner principalement autour de tout ce qui précédait la cuisine proprement dite, en l'occurrence la traque et l'abattage de la proie. La chasse au mammouth, par exemple, requiert d'être planifiée, elle suppose une bonne connaissance du terrain – et beaucoup de patience. Les chasseurs Clovis recherchent le plus souvent une colline près d'une rivière ou d'un autre point d'eau, leur offrant une vue avantageuse sur les environs, le temps qu'un troupeau de mammouths vienne s'y désaltérer. Dans l'attente de leur arrivée, ils se chargent bien souvent de tailler d'autres lames dans la pierre, des lames mortelles. Celles-ci ne sont pas particulièrement imposantes, mais longues et aiguisées. Pour passer le temps, certains s'attachent à graver dans la pierre tantôt un dessin géométrique décoratif, tantôt une belle fleur. Dans tous les cas, les pointes sont fixées aux extrémités de javelots légers et, dès que les premiers malheureux mammouths font leur apparition, ceux-ci sont prestement lancés dans leur direction.

La forme légèrement rainurée de ces pointes a de grands avantages, elle cause immédiatement de graves saignements chez tout animal, quel que soit l'endroit du corps où il est frappé. Il n'est donc point nécessaire d'être un brillant lanceur, il suffit ici d'attendre que le mammouth ait perdu suffisamment de sang et donc de force pour s'en approcher et lui donner le coup de grâce. Les colossales bêtes sont ensuite dépecées sur place – un travail collectif – puis les morceaux de viande animale apportés ailleurs, tandis que le cours d'eau se teinte d'un rouge sang. Il est impossible de savoir exactement comment les morceaux de viande étaient préparés, s'il existait de succulentes variantes de la recette de base – mais on peut concevoir une épaule de mammouth braisée accompagnée d'herbes sauvages et de baies. Le goût qui était au juste celui de la viande de mammouth demeure aussi un mystère de l'histoire de l'humanité. Un certain club de gentlemen new-yorkais a prétendu pendant des décennies avoir servi à ses membres, en 1951, de la viande de mammouth prétendument préservée dans la glace arctique, mais, hélas, des analyses ADN ultérieures ont permis de démontrer que c'est de la tortue verte qui avait été simplement servie à l'occasion de ce dîner « âge de glace ».

On peut toutefois supposer que cette viande était plutôt dure et qu'elle devait donc être grillée un certain temps. Et peut-être les hommes Clovis s'asseyaient-ils alors autour du feu pour confectionner leurs nouvelles tuniques à partir de la fourrure du mammouth tout en devisant sur le déroulement de leur journée. Une soirée festive habituelle, imprégnée du fumet de la viande en train de cuire lentement – on en salive déjà. Jusqu'à ce que l'éternelle question soit posée : quand donc le repas sera-t-il prêt ?

Vers 5500 avant notre ère

Purée de céréales et pain d'épeautre, Europe centrale

Pendant des milliers d'années, l'homme erre à travers les bois et les savanes, il abat les animaux qui pullulent, cueille et consomme ce qui pousse avec luxuriance. Il ne peut que tomber de temps à autre sur une poignée de céréales sauvagement sortie du sol, et c'est ainsi que la graine est semée. Depuis que le dernier âge glaciaire a pris fin, il fait plus chaud. Partout, les céréales jaillissent de la terre, les hommes se mettent peu à peu à les récolter et à les transformer, avant de les cultiver à grande échelle. L'homme met ici à profit tout ce qui l'avantage par rapport aux animaux avec lesquels il se dispute une nourriture à laquelle il n'est pas bien difficile d'avoir accès : il se tourne vers des denrées alimentaires comme les céréales, qui sont immangeables à l'état brut et qui doivent tout d'abord être transformées avant de pouvoir donner, comme par magie, quelque chose de comestible. Les campements temporaires au milieu d'une nature particulièrement dense laissent place à des villages entourés de champs toujours mieux agencés et cultivés d'une génération à l'autre, on y met toujours plus de soin, en se dépensant pour cela sans compter. « Ce n'est pas nous qui avons domestiqué le blé, c'est lui qui nous a domestiqués », écrit Yuval Noah Harari[1].

À ce stade, l'existence entière de l'homme tourne autour de la nourriture. L'entretien de la terre, la mise en culture, la récolte et le traitement de ses denrées déterminent tout son quotidien. Même son habitat est conçu de manière à servir à entreposer et à préparer la nourriture. En fin de compte, ce lieu de vie est tout simplement un cellier habitable pourvu d'un coin cuisine. Un hameau type des débuts de l'âge de pierre est fait de plusieurs longs bâtiments bordant peut-être un petit étang. Les maisons sont assez vastes, d'environ 20 mètres de long, et jusqu'à trente personnes vivent probablement dans chacune. Une maison de ce genre est solidement bâtie sur des poteaux en bois. Des mains infatigables ont tressé des cannes et entouré les pieux de soutènement avec ce treillis avant de crépir le tout d'une glaise épaisse. Et couronnant l'ensemble une toiture en pente couverte de chaume de roseaux. À l'instar d'immenses chapeaux mous, ces toits s'inclinent presque jusqu'au sol. La lumière du jour ne pénètre à l'intérieur que par la porte d'entrée, située à une extrémité de ce bâtiment évoquant par sa forme un tunnel.

Le cœur de chacune de ces maisons est l'âtre, l'endroit où l'on fait le feu : le foyer, où l'on cuisine. Toujours situé au beau milieu de l'habitation. Il est probable que tous les habitants de la maison s'asseyent autour de ce feu pour les repas. On a coutume de dire – et c'est devenu un lieu commun – que la cuisine est le cœur même du foyer. C'est ici, au néolithique, aux premiers jours de l'habitat humain, que cet énoncé trouve son origine. La maison est de surcroît le lieu le plus sec du village (et probablement aussi celui qu'on tient le mieux à l'œil et qu'on contrôle le plus, des voleurs de céréales devaient rôder à travers le hameau), raison pour laquelle il y existe au moins un espace où sont entreposées les réserves. C'est à un étage intermédiaire ouvert, sous le toit, qu'on en stocke encore davantage : des bouquets d'herbes mis à sécher y pendent possiblement aussi au plafond. Et il est vraisemblable que notre maison regorge de cette étonnante découverte qui, à côté de la culture des végétaux et de la sédentarité, est à l'origine d'une autre immense poussée civilisationnelle : le pot en terre cuite. Les cruches, les plats creux et les amphores sont d'une beauté merveilleuse. Les lignes courbes, les gouttelettes concentriques et les dents aux mouvements onduleux sont gravées dans l'argile cuite, des cercles et des spirales couleur terre ornent les ventres bombés des coquilles. Avant que ces récipients ne soient conçus, les denrées étaient conservées au fond de cavités creusées dans le sol et dans des paniers où elles ne tardaient pas à s'avarier lorsqu'elles n'étaient pas dévorées par toutes sortes d'animaux. Grâce au pot en argile, il devient possible de constituer des réserves en bien plus grandes quantités. Et, naturellement, on ne peut bien cuisiner que depuis qu'il existe des pots.

Malgré sa nouvelle existence de cultivateur, l'homme n'a pas réellement amélioré son mode de vie. Avant toute chose, pour ce qui est de son alimentation, il a opté pour un très insipide manque de diversité qui, de surcroît, présente un grand risque. Son projet alimentaire semble, vu d'aujourd'hui, clairement végétarien : il s'adonne moins à la chasse ; l'époque des animaux économiquement utiles vivant à portée de main a débuté. Il y a donc de temps à autre sur la table de la viande de porc, de bœuf, de mouton ou de chèvre. Mais la denrée la plus importante, c'est le blé. Une gigantesque entreprise, et très risquée. Car même si les céréales peuvent désormais être stockées, des réserves ne suffisent pourtant pas à compenser une récolte avariée et, dans un tel cas de figure, c'est l'impitoyable famine qui menace.

Aujourd'hui, toutefois, c'est une atmosphère festive qui règne au village. La récolte est bonne et les celliers sont pleins. Le blé – on parle ici de formes très précoces ayant tout juste dépassé le stade sauvage originel, en l'occurrence l'engrain et l'amidonnier – est pour l'instant légèrement grillé afin d'être mieux conservé. C'est ensuite qu'intervient le laborieux processus consistant à moudre le grain à l'aide de lourdes pierres à écraser. Les journées, au néolithique, sont rythmées par le son d'une pierre grosse comme le poing que l'on frotte contre une pierre plate plus grande, un son accompagné de forts bruits de frappe, monotones, lorsque les deux se heurtent. Une fois le grain moulu, les glumes, c'est-à-dire les enveloppes qui contenaient les graines, doivent être éliminées ; une autre vraie corvée, particulièrement ingrate, que l'on doit à la révolution agricole. Le pain, fait à partir de farine et d'eau, est vraisemblablement cuit dans un four en glaise en forme de coupole, qui se trouve à l'extérieur de la maison. Un pot dans lequel mijote sans doute une sorte de bouillie a été placé pendant ce temps au-dessus du feu ouvert que l'on fait là où l'on cuisine. Les hommes connaîtront encore très longtemps les potées de céréales. La variante disponible aux débuts de l'âge de pierre est peut-être relevée au moyen de pois ou de lentilles, cueillis à la bonne saison dans les forêts ; on trouve aussi, dans le pot placé au-dessus du feu, au beau milieu de la maison, des baies, des champignons et des noix.

Le pain est prêt, il s'agit de galettes plates, dures. Il faut mordre avec grande prudence dans ce pain qui sort tout juste du four, faute de quoi on pourrait se faire très mal aux gencives. Car il est impossible d'en écarter toutes les glumes. Ces pointes minuscules sont incroyablement dures et peuvent causer de sévères blessures dans la cavité buccale – encore une contrariété spécifique au néolithique. Et l'homme de rejoindre la tombe au bout d'à peu près trente-cinq années de vie sur cette terre. Il a travaillé dur tout au long de son existence et il n'a pas particulièrement bien mangé. Et pourtant il est à l'origine de tout ce que nous sommes aujourd'hui.

Vers 1730 avant notre ère

Potée d'agneau avec gâteau à l'orge, Babylone

L'une des plus anciennes recettes de cuisine couchées par écrit nous dit ceci : « Potée d'agneau. On utilisera de la viande. Préparer l'eau. Ajouter du sel fin, des gâteaux à l'orge secs, des oignons, des échalotes de Perse et du lait. Couper le tout en petits morceaux et ajouter un poireau et de l'ail. » C'est vers 1730 avant notre ère que ces mots ont été gravés dans une écriture cunéiforme akkadienne à l'aide d'un stylet en roseau sur une tablette en argile, très vraisemblablement dans la ville de Babylone. L'argile, qui n'a pas été cuite, cède doucement sous la fine pointe du stylet. Cette recette n'a pas été la seule à être transcrite, il en existe d'autres encore – autant de directives pour la préparation de bouillons, de diverses potées et d'un gâteau de volaille au cœur duquel, surprise, se niche la viande ; ce sont au total vingt-cinq recettes que l'on pourra encore déchiffrer dans un avenir lointain. Ces tablettes sur lesquelles ces recettes ont été gravées furent ensuite cuites afin de les durcir, moyennant quoi elles ont alors adopté une couleur orange vif. Et on les a archivées – un immémorial témoignage qui sommeillera fort longtemps avant de disparaître sous des ruines et sous terre jusqu'au jour où on l'exhumera, presque quatre mille ans plus tard.

Babylone est, à ce moment de l'histoire où la potée d'agneau est consignée par écrit, la plus grande ville du monde. Ses immeubles, étroitement serrés les uns contre les autres, sont ceints d'un gigantesque mur. Lorsqu'ils pénètrent dans la métropole, les étrangers ont le sentiment de se retrouver au cœur d'un labyrinthe, bien que les rues soient rectilignes. Mais les rangées d'habitations se ressemblent à tel point qu'il est facile de les confondre, partout ce sont des façades lisses, dénuées de fenêtres, qui dissimulent leurs intérieurs aux regards étrangers. Au cœur de la ville, une tour immense, faite de terrasses monumentales, s'élève très au-dessus de toutes les toitures, on dirait jusqu'au ciel. À en croire la légende, cette tour devait être plus haute encore, mais les hommes qui l'édifiaient cessèrent à un moment de s'entendre entre eux, leurs très différentes langues ayant fini par les plonger dans un désarroi total. Il est bien clair que la fondation de l'une des premières mégalopoles du monde ne peut qu'être une expérience commotionnante. C'est dans cette rencontre avec le chaos incarné, le sentiment d'impuissance éprouvé en face d'une société ayant prospéré avec une telle rapidité qu'il faut trouver encore une fois l'origine profonde de l'invention peut-être la plus importante de l'humanité : l'écrit. C'est à Babylone et dans les autres cités-États de Mésopotamie, qui se développèrent si vite, que l'on met en écrit le monde afin de lui conférer un certain ordre.

Car comment avoir prise sur cette fière Babylone, sur ce superbe Moloch, si on ne s'efforce pas de l'administrer et si l'on n'édicte pas des règles ensuite consignées par écrit ? Chaque détail qui participe de la nouvelle société urbaine doit être documenté pour pouvoir être contrôlé. L'invention de l'écrit marque dans le même temps la date de naissance de la bureaucratie. Au début, les scribes gravent des pictogrammes sur leurs tablettes d'argile. Une coupe, par exemple, représente un « repas ». Une coupe avec une tête à son côté signifie « manger ». Ces pictogrammes ne servent pas seulement à désigner directement telle ou telle chose, ils sont aussi interprétés comme des sons. Il en résulte des signes phonétiques, ce qui est simple et pratique. L'écrit peut maintenant représenter le mot parlé au moyen de ses symboles. Un prodigieux acte d'abstraction. Nos recettes babyloniennes sont déjà immortalisées dans l'argile à l'aide de signes phonétiques de ce type.

Nombre d'éléments probants parvenus jusqu'à nous qui témoignent de la pratique de l'écrit des Babyloniens sont des listes. Les marchandises, les finances publiques, les quantités de bière brassée à partir d'un pain d'orge fermenté que reçoit tout travailleur, le nombre et les proportions des murs de la ville, les deniers du culte, les rues et les bâtiments de la ville, sont l'objet de listes. En ce sens, les premières recettes de cuisine connues peuvent également être lues comme une pure et simple énumération d'ingrédients dont les quantités ne sont toutefois pas précisées plus avant. Les denrées alimentaires les plus importantes dans l'espace mésopotamien sont l'orge, le sésame, les dattes et la bière (alors que dans l'univers culturel syro-levantin, c'est le blé, l'huile d'olive, les figues et le vin qui sont consommés avant tout). Les Babyloniens commencent de surcroît à s'intéresser aux produits laitiers, essentiellement pour diverses sortes de fromage de brebis. Si celle-ci est aussi appréciée pour sa viande, les nombreux marais offrent en outre une grande diversité de poissons et d'oiseaux. On trouve également sur les listes babyloniennes deux cents sortes de pains, ils sont faits à base d'orge mais aussi d'amidonnier. Les céréales sont toujours laborieusement concassées et râpées à la main au moyen de meules. Toutefois, selon des hiérarchies complexes inhérentes aux sociétés citadines, on dispose de détenus que l'on peut assigner à cette tâche ingrate.

La potée d'agneau est vraisemblablement destinée aux tables des couches supérieures de la société, comme le laisse supposer la belle diversité de ses ingrédients. Elle est préparée dans une grande casserole placée au-dessus d'un feu ouvert. On peut reconstituer le processus : la viande est tout d'abord cuite dans la graisse d'une queue de mouton. On y ajoute progressivement de l'eau et du lait, ainsi que divers aromates. On laisse le tout mitonner un bon moment. On émiette les gâteaux à l'orge dans la potée, histoire d'aboutir à un beau velouté.

Pourquoi exactement ces recettes sont-elles couchées par écrit, alors qu'elles sont vraisemblablement connues du grand nombre et transmises verbalement depuis déjà longtemps ? On ne peut qu'émettre une hypothèse à ce sujet. À l'évidence, la rage d'écriture des Babyloniens s'empare de chaque aspect de leur quotidien multidimensionnel – tout, véritablement tout doit être couché par écrit. On lit ainsi sur la première ardoise décrivant la ville de Babylone, là encore sur le mode de l'énumération – une énumération qui n'oublie aucune brillante dimension de la métropole antique : « Babylone – siège de la vie ! / Babylone – puissance des cieux ! / … Babylone – ville de la vérité et de la justice ! / Babylone – ville de la surabondance ! / … Babylone – ville dont les habitants festoient constamment ! » On le voit, il s'agit là encore, de nouveau, de surmonter une diversité vraiment débordante, en la mettant en écrit. Les recettes de cuisine font possiblement partie de cette stratégie d'ordonnancement. À cela s'ajoute le fait que l'écrit est aussi synonyme de collectivisation : le fait de tout coucher par écrit et de s'efforcer de conférer un ordre à toute chose concourt à l'apparition d'une communauté citadine soudée. Les plats sont par conséquent déclarés d'intérêt général : comme on le verra encore à maintes reprises, la nourriture a le pouvoir de conférer à une population son identité. La potée d'agneau rappelle de façon évidente la *pacha* irakienne, un plat encore très apprécié aujourd'hui, pour lequel on fait bouillir plusieurs parties du mouton avant de les préparer conformément aux instructions jadis gravées sur les tablettes d'argile. On peut donc raisonnablement parler de la potée babylonienne comme d'un premier plat national. Une fois gravée dans la pierre, elle s'est dès lors transmise de génération en génération au fil des millénaires.

Vers 1400 avant notre ère

Côtelettes de bœuf momifiées, Égypte

Une maison toute en coins et recoins, sombre mais agréablement fraîche après la chaleur torride de l'extérieur. Un silence de mort règne dans les pièces. Une vague odeur fade de sable et de poussière. Le bâtiment consiste en une longue enfilade de pièces. Un escalier raide conduit dans un souterrain où l'on débouche tout de suite sur un long corridor évoquant par sa forme un tuyau. Au bout de ce tunnel on tombe sur un autre escalier qui conduit pour sa part à un espace évoquant une sorte de cellier spacieux et saturé d'objets dont les contours se laissent peu à peu discerner dans l'obscurité. C'est derrière ce singulier amas d'objets entreposés que s'ouvre de façon tout à fait inattendue un espace plus vaste, presque une salle où, là encore, aucune place n'est laissée vacante ; des coffres, des récipients et des figures richement décorées, de grande valeur, où que l'on regarde, mais aussi de précieux fauteuils couverts de reliefs et de hiéroglyphes en or, ainsi que quelques lits. Les cercueils des deux habitants de la maison sont installés au beau milieu de ces trésors entassés jusqu'au plafond. Nous nous trouvons dans la chambre mortuaire des époux Juja et Tuja, vraisemblablement les arrière-grands-parents du légendaire Toutankhamon.

Un sarcophage plus petit, de forme ovale, se trouve quelque part dans cet enchevêtrement d'offrandes funéraires. Une minimomie repose à l'intérieur, de forme oblongue et légèrement incurvée : quelques côtes de bœuf artistement momifiées. La moindre particule d'humidité a été retirée du morceau de viande jadis bien juteux à l'aide de sels avant qu'il ne soit soigneusement emmailloté. Le tissu dans lequel la nourriture se trouve entièrement recouverte a été traité à la résine de pistache, une substance d'une valeur inestimable au moyen de laquelle seuls les puissants pharaons sont préparés pour l'au-delà. À l'évidence, quelqu'un a voulu s'assurer absolument que les savoureuses côtelettes traverseraient elles aussi l'outre-monde sans souffrir le moindre dommage.

Pour les Égyptiens de l'Antiquité, la mort n'est que le commencement d'une nouvelle vie, une sorte de version optimisée de l'existence terrestre menée jusque-là, qui désormais sera synonyme d'éternité. Toutefois, avant de se voir accorder l'accès à l'au-delà et aux champs d'Ialou où règne la félicité, il faut d'abord entreprendre un périple dangereux et passer devant le sévère tribunal des morts présidé par Osiris. Le nouvel habitant de l'éternité emporte avec lui tout ce dont il a besoin pour son confort personnel. Alors que, dans la plupart des autres communautés de croyance, on part généralement du principe qu'en entrant au paradis on se retrouve automatiquement pourvu de tout ce dont on a besoin, les Égyptiens, eux, font preuve sur ce point d'une certaine méfiance et ils remplissent leurs sépultures de tous les bagages jugés par eux nécessaires pour l'ultime voyage. Tout ce qui est périssable, à commencer par leurs propres enveloppes corporelles, doit pour cela être parfaitement conservé, faute de quoi on ne pourrait connaître l'éternité. Et c'est aussi pourquoi on momifie la viande. Nombre de morceaux de viande, comme les côtelettes, ont leurs propres récipients, dont chacun donne le sentiment que la nourriture qui y est déposée y connaît son dernier repos. On trouve dans une tombe des Inti, datant à peu près de l'époque de la VIe dynastie, un sarcophage ayant la forme d'une oie rôtie.

Dans les pièces de leurs tombeaux, aussi vastes que des maisons, des masses de provisions sont déposées auprès de tous les pharaons. On le sait, on a trouvé auprès de Toutankhamon plus d'une centaine de paniers remplis de diverses céréales et miches de pain, mais aussi de fruits – figues de murier, dattes, melons et grappes de raisin (il est impossible de savoir si le fruit a été séché afin de résister au passage du temps). Du miel et du vin étaient en outre amassés en quantité auprès du jeune souverain trépassé. Et de même d'une presque cinquantaine de caisses en bois remplies de viandes et de volailles momifiées, dont toutes sortes d'oisillons délicats ainsi que des canards et des oies, bien que dans de nombreux cas seuls leurs morceaux les plus succulents fussent embaumés. *Idem* des morceaux de bœuf à l'os dont seules les meilleures parties, les plus charnues, furent à l'évidence choisies. C'est en vain que l'on cherche des pattes de bœuf filandreuses, par exemple. La viande braisée n'était pas jugée digne d'être momifiée, en revanche un beau carré l'était volontiers. On ne trouve pas non plus dans les chambres funéraires du poisson, du porc ou du mouton, il s'agit là de produits qui tous relèvent plutôt de l'ordinaire de l'Égypte ancienne. Le choix des aliments accompagnant les défunts pour l'éternité obéit donc à une hiérarchie tout à fait claire, probablement établie à l'aune de l'idée d'exclusivité mais faisant aussi place à des considérations de goût.

Dans la très fertile région du Nil, l'amidonnier et le petit épeautre sont produits en grandes quantités, raison pour laquelle le pain, que l'on cuit sous la forme de galettes plates, relève aussi en Égypte de la vie quotidienne. La farine laborieusement moulue passe ensuite par des tamis confectionnés à partir d'herbes de joncs qui, hélas, en raison de la largeur de leurs mailles, n'empêchent pas les petits cailloux qui, ici et là, sont produits par les meules, de finir dans le pain lui-même, avec les glumes, douloureusement dures, qui bien souvent demeurent dans la farine – un défi supplémentaire pour les dentitions égyptiennes. En revanche, les pains sont déjà épicés ou alors rendus moins amers avec du miel, des dattes et des figues. Quant aux plus pauvres, ils peuvent tout de même mettre quelque chose dans leur assiette car le Nil regorge de poissons ; et sous ce climat chaud, les fruits et les légumes poussent splendidement. Partout de la bière fraîche est quotidiennement brassée à partir de l'orge. En revanche, les classes laborieuses ne peuvent se permettre de consommer du vin. La volaille, mais avant tout la viande de bœuf, qui est grillée au-dessus de feux ouverts et laisse alors échapper force grésillements et chuintements, ou qui est encore cuite à l'étuvée dans des casseroles, sont elles aussi réservées à l'élite. L'élevage bovin est une activité exclusive et coûteuse car la plupart des surfaces arables sont utilisées pour cultiver des légumes et des fruits, il n'existe guère de pâturages. Et pourtant : hormis les mauvaises années, lorsque le Nil sort de son lit et vient saccager les récoltes, on pourrait déjà s'imaginer vivre dans un paradis sur terre. Mais l'homme, c'est ainsi, en veut toujours plus.

À l'occasion des festivités, les Égyptiens de l'Antiquité se posaient sur le chef un cône en résine d'abeille. Pourquoi donc ? On ne le sait pas exactement, mais il est très possible que ces cônes fussent remplis d'huiles parfumées dont la mission était de dégager, tout au long d'un banquet, une très délicate senteur. En tout cas, on ne peut nier l'existence d'un goût prononcé largement partagé pour l'huile balsamique, avant même de rejoindre l'au-delà. Plus d'un, à l'instant où l'huile odorante venait flatter ses narines, songeait peut-être, l'air enchanté, à l'existence qu'il mènerait dans l'au-delà, en bonne momie baignant dans le luxe, à ce moment où les oies momifiées bondiraient hors de leurs sarcophages en forme de rôtis. Seule une petite partie de la population pouvait consommer des mets aussi raffinés que ceux des pharaons. Mais les repas de ces quelques-uns faisaient l'admiration envieuse du grand nombre. Les cuisses d'oie les plus juteuses, les côtelettes de bœuf les plus coûteuses, dans le meilleur des cas encore relevées avec de la très précieuse résine de pistache, à l'arôme si doux… Ces mets suscitent un tel désir qu'on entend bien les emporter avec soi dans l'éternité. Afin de les déguster divinement à jamais.

Vers 850 avant notre ère

Mansaf, Syrie

Il n'existe guère de paysage qui rende l'homme minuscule plus que le désert. Un espace incommensurable fait de sable et de poussière, de montagnes poudreuses où le pied s'enfonce. Pas de sol solide, il s'écoule entre les doigts, du simple sable fin, qui s'envole par vagues au-dessus des plaines. Et entre le sable au sol et ces rafales de sable, de rudes roches n'ayant vraiment rien pour séduire. La nuit un froid glacial et le jour durant une chaleur aveuglante. C'est dans ce monde que vivent déjà depuis des millénaires les Bédouins. En bons nomades se déplaçant entre déserts et steppes, ils élèvent avant tout du bétail – des chèvres, des moutons et des chameaux – et se déplacent au fil de l'année de pâturage en pâturage, où ils installent chaque fois leurs tentes. Leur alimentation est à base de produits laitiers, ils ne mangent que rarement de la viande. Tout le long de leurs routes annuelles, ils cultivent aussi des céréales, ils les utilisent pour faire la pâte de leurs fines galettes, appelées *shrak*, mais aussi pour l'alimentation de leur bétail. Presque mille ans avant notre ère, au gré de leurs déplacements saisonniers, les Bédouins avaient déjà conçu un réseau subtilement agencé de campements et de colonies qui s'étend à travers certaines parties des déserts aujourd'hui jordanien, syrien, irakien et saoudien. De nos jours, ils tirent leurs revenus les plus substantiels de la logistique complexe que supposent des routes commerciales toujours plus nombreuses : ils escortent les étrangers et les biens que ceux-ci acheminent à travers les déserts ou alors ils taxent les caravanes étrangères à ces contrées.

La société des Bédouins consiste en différentes tribus plus ou moins liées d'amitié entre elles. Les allégeances obéissent à une sévère hiérarchie de rapports de parenté : plus le rapport de parenté est étroit, plus grande est la loyauté que l'on se montre. Mais il existe une autre valeur sociale, un code social auquel tous les Bédouins doivent obéir, qui organise et garantit la stabilité de ces formes de vie entières faites de relations, d'espaces de vie changeants et d'interactions avec des étrangers de passage : l'hospitalité.

L'hospitalité est le principe de survie le plus important dans le désert, car elle fait un devoir de donner à manger et à boire à tout étranger qui se présente. La nourriture, dans un tel contexte, conditionne la vie, mais elle est aussi un ciment social et communautaire. Le *mansaf* est un plat que les Bédouins servent jusqu'aujourd'hui à leurs invités. Le terme désigne dans le même temps le grand plateau rond sur lequel est servi le repas qui, depuis toujours, est préparé pour les occasions festives, et dont la partie carnée, importante, témoigne de la générosité de l'hôte – plus la montagne de viande est haute, plus cet hôte fait preuve de largesse. La pâte est à base d'eau et de farine de blé complet, et non de farine moulue, et elle est étalée, fine comme du papier, sur une pierre incurvée que l'on a déjà fait chauffer plusieurs heures dans la braise d'un feu. Avec ces galettes on garnit le plateau posé en hauteur. La viande, le plus souvent de l'agneau, est découpée en morceaux et bouillie dans une grande casserole d'eau. À côté de celle-ci, une casserole plus petite, avec dedans un beau bloc de beurre de chameau en train de fondre en écumant. Un arôme de noix s'en dégage tandis qu'il adopte une légère couleur brune. Lorsque l'agneau a suffisamment bouilli à feu doux, on répartit ses morceaux sur les galettes de pain et on verse sur le tout d'abord le bouillon de viande chaud et ensuite le beurre clarifié, avant de répéter plusieurs fois toute l'opération.

Étant donné que le *mansaf* est un plat dont la recette se transmet pour l'essentiel verbalement avant d'être transformée et adaptée (aujourd'hui on fait bouillir l'agneau dans un yogourt de chèvre fermenté et on le répartit ensuite sur un lit de riz ; les Jordaniens ont fait de cette variante leur plat national), nombre de composantes de la recette originelle sont oubliées. Mais certains rites sont assurément attachés depuis des siècles à sa consommation : avant de se sustenter, tous les convives se lavent soigneusement les mains. On mange debout, tous ensemble autour du plateau, et on n'utilise pour ce faire que la main droite, la gauche – la main impure – est gardée dans le dos afin de ne pas importuner son voisin avec elle. Quant à l'hôte, dans un premier temps il attend à l'écart, pendant que ses invités se restaurent. Ceux-ci se voient généreusement servir une portion supplémentaire après l'autre. C'est ainsi que l'on montre le grand respect que l'on éprouve pour l'invité – celui-ci doit d'abord avoir tout ce qu'il lui faut dans son assiette avant que l'hôte puisse se servir lui-même. Cette manière de procéder étape par étape au fil du repas pris en commun s'est perpétuée jusqu'à nos jours dans la culture arabe et, dans d'autres cultures elle est aussi devenue un réflexe de l'ordre de l'évidence : c'est l'invité qui est servi en premier.

Lorsque, au début du VIIe siècle, l'islam commence à se diffuser dans le monde arabe, la plupart des Bédouins se tournent eux aussi vers la nouvelle religion. L'hospitalité y demeure une valeur fondamentale, elle est une loi sacrée et excède ainsi de loin l'« habituelle » culture de l'accueil. Le Coran comme les hadiths attirent plusieurs fois l'attention du lecteur sur le fait que tout musulman a même le devoir d'héberger un voyageur, d'en faire son invité et de lui offrir à boire et à manger. C'est sur la base de ce commandement que s'élabore et se développe une cuisine dont les recettes et la présentation se fondent sur le principe du partage. Un repas oriental consiste toujours en de très divers plats posés tous en même temps sur la table, de sorte que chacun puisse se servir là où il l'entend. Contrairement aux conventions en vigueur en Occident qui se forment à ce sujet tout au long des siècles suivants et qui veulent que chacun soit servi dans son assiette et que les plats ne soient présentés sur table que successivement.

Mais revenons aux Bédouins des temps préchrétiens : au fil des heures on est venu à bout du *mansaf* à l'abri des tentes en poil de chèvre. Les invités ont réagi comme il convient au code de l'hospitalité et ils ont accepté avec gratitude ce qu'on leur a servi à boire et à manger. Ils auront à l'avenir pour devoir de témoigner très concrètement de leur reconnaissance. L'hôte s'est ainsi assuré d'être fort bien traité à l'occasion de ses futurs périples. La nourriture comme monnaie d'échange du système social en vigueur dans le désert.

Une espèce de tension est toujours inhérente à l'hospitalité : en envisageant l'étranger comme une figure tout à fait particulière, on se distingue fatalement d'elle. Cela ne peut qu'instaurer au milieu des accolades une distance. Dans le même temps, l'étranger, en vertu de son statut d'invité, se voit attribuer une place bien précise au sein du groupe qui l'accueille temporairement dans ses rangs. Et tandis que l'on consomme en commun un agneau ruisselant de graisse de chameau et que l'on éprouve peu à peu un grand contentement, l'impression de distance se dissipe probablement à proportion. La loi de l'hospitalité fonde la communauté. Mais c'est la nourriture qui fait naître le sentiment d'appartenir à une communauté.

Vers 700 avant notre ère

Pain aux raisins et oignons frits, Étrurie

C'est une matinée calme. Les rues somnolent dans la lumière du jour, seul un cavalier solitaire fait tourbillonner un peu de poussière, qui retombe sur le sol après une brève danse dans l'air tremblotant. Le cavalier vient de la cité-État de Rome qui, en ce temps-là, n'est pas encore l'immense capitale qu'elle va devenir, il vient tout juste de franchir la frontière qui sépare le territoire de la ville de sa voisine, l'Étrurie. C'est une contrée faite de jolies collines vertes qui s'offre à son regard. Partout, la nature croît et prospère : une alternance d'oliveraies et de vastes prairies accueillant des arbres fruitiers, et parsemant tout cela de petites taches blanches – d'innombrables moutons en train de brouter et de bêler. À chaque flanc de coteau, des ceps de vigne prenant le soleil. Et le Romain de tomber nez à nez avec un autochtone, lui aussi à cheval, qui le dévisage d'un air amical. Il salue l'Étrusque et lui adresse la parole, mais celui-ci lui répond dans une langue qui semble aux oreilles du voyageur plus étrange que tout ce qu'il a pu entendre auparavant dans sa vie. Secouant la tête, il reprend son périple.

On ne sait toujours pas exactement d'où ils sont venus. Et pas non plus comment ils ont pu disparaître presque huit siècles plus tard. Et pourtant les Étrusques, qui ont vécu de l'an 800 à l'an 90 avant notre ère environ sur ces terres que l'on appelle aujourd'hui la Toscane, l'Ombrie et le Latium, sont les gourmets les plus fortunés, les plus hédonistes et les plus progressistes de l'Antiquité. Ils font en même temps l'effet de véritables extraterrestres : ils parlent une langue radicalement différente de celles de leurs voisins immédiats – une langue qui aujourd'hui encore n'a pas été entièrement déchiffrée. Leur écriture, elle aussi, ne ressemble à aucune autre. Et ils font preuve d'un savoir-faire inhabituel en matière d'extraction et de traitement des métaux, une matière première qui abonde sur leurs terres verdoyantes et doucement vallonnées. De nos jours, on exhume peu à peu des nécessaires de cuisine en bronze et en fer forgé au grand complet. Ils sont la preuve que des cuisiniers et des mangeurs réfléchissaient sérieusement en ce temps-là à la conception d'ustensiles permettant de cuisiner au feu des aliments savoureux : des grilles de barbecue soigneusement forgées et des trépieds permettant de placer commodément une casserole sur un feu. Des fourneaux mobiles en argile, que l'on posait sur la braise comme des réchauds de très grande taille. Des dispositifs permettant à la chaleur de se concentrer encore plus et de se diffuser aux plaques de cuisson sur lesquelles étaient déjà posées de grandes casseroles où bouillonnait peut-être dans du vin rouge un ragoût de chevreuil. Des brochettes de toutes tailles, en bronze, joliment décorées. Et des râpes qui ressemblent à s'y méprendre à nos râpes à parmesan. On dit que les Étrusques les utilisaient pour râper les châtaignes, les noix et les faines, mais selon de nombreuses sources ces hypothétiques râpes à fromage sont un indice de plus laissant penser que les Étrusques ont inventé les pâtes – dans certains de leurs gigantesques tertres funéraires de forme ronde, qui constituent des cités funéraires entières, on trouve régulièrement des reproductions d'ustensiles de cuisine que l'on utilise pour fabriquer des pâtes (non que les défunts ne puissent plus dans l'au-delà se préparer des spaghettis). On peut s'imaginer une dame étrusque demandant à un convive, il y a presque déjà trois millénaires, à l'occasion d'un beau festin : encore un peu de fromage sur votre plat ? À en croire un historien grec, cette dame avait d'ailleurs toutes les chances d'être une beauté et de très bien tenir l'alcool.

Pour ce qui est des droits des femmes, les Étrusques se montrent très tôt en avance sur l'Empire romain, qui ne les suivra que plus tard. Les femmes pratiquent des sports nues et participent comme les hommes, sur un pied d'égalité, aux nombreux banquets. Les voisins grecs et romains se montrent effarés par ce qu'ils perçoivent comme un relâchement des mœurs. Manifestement, cela indiffère les Étrusques. Au lieu de s'en agacer, ils préfèrent améliorer encore leurs petits plats. Aucune de leurs recettes n'est parvenue jusqu'à nous mais la cuisine toscane a très probablement été influencée par cette tradition, et on peut aussi inférer des descriptions de l'époque que les plats étrusques relèvent du registre de la *soul food*, de la nourriture de l'âme. Leurs ingrédients les plus importants sont les olives, les raisins, les figues, les grenades et les marrons, mais aussi les pois chiches, les lentilles et les fèves. Et ils cultivent diverses céréales.

En outre, comme dans toutes les traditions culinaires antiques mais aussi médiévales, tout y est très fortement assaisonné : les Étrusques aiment probablement mêler le sucré (le miel) et le très acide (le vinaigre) – un mélange qui, relevé encore par les herbes locales, ne fait alors que gagner en force et n'en devient probablement que plus amer. Ils font cuire dans du miel et du vin rouge des oignons entiers dans lesquels on mord avec délectation comme dans une pomme, en gardant ensuite dans sa bouche brûlante un goût d'une suave âpreté. Afin qu'ils donnent du vin rouge, les raisins sont versés en quantité dans une grande vasque en pierre et foulés avec les pieds. Le moût est ensuite conservé dans des tonneaux. Les feuilles de vigne, les branches et les petits cailloux se déposent au fond de ces tonneaux, et c'est bien la seule chose qui arrive à ce vin originel qui est siphonné et bu directement – non sans avoir été mêlé auparavant d'un peu d'eau, car il est très fort. « Elles [les femmes étrusques] ne s'assoient pas à table à côté de leurs époux respectifs mais auprès des premiers venus, oui, elles boivent à la santé de tout un chacun, comme bon leur semble », vitupère le rhéteur grec Théopompe[1].

On y mange en outre un pain au goût intense et suave, pour lequel on pétrit de la ricotta et des grappes de raisin malaxées dans de la farine de blé complet. Une délicate odeur de cumin et d'anis émane de la pâte douce et chaude. La potée relevée à la limite du supportable mijote dans la casserole posée sur le châssis en bronze, tandis que le sanglier grésille sur le barbecue. Certes, les Étrusques apprécient le bœuf, le porc, le mouton et le poulet, mais c'est le sanglier et le chevreuil, qui s'ébattent en grand nombre dans leurs bois, qui ont leur prédilection, probablement en raison de leur goût très âpre.

À partir de l'an 300 avant notre ère, les Romains vont mettre à rude épreuve les très libres et hédonistes Étrusques et entreprendre de conquérir leurs cités. En l'an 90 avant notre ère, l'Étrurie finit par intégrer l'Empire romain. Ce peuple se disperse vraisemblablement ensuite aux quatre vents, avalé comme il l'a été par cette Rome gigantesque et passablement chaotique. C'est ainsi que disparaît aussi leur riche culture. Mais le souvenir demeure d'une phase précoce de l'humanité où les femmes s'asseyaient déjà à table aux côtés des hommes, où une agriculture très diverse était judicieusement pratiquée, où l'on cuisinait avec talent et générosité et où, à part ça, on ne prenait pas l'existence trop au sérieux. D. H. Lawrence écrit à ce sujet : « Ce qu'ils réalisaient, en ces siècles insouciants où ils vécurent, apparaît aussi simple et naturel que la respiration. Ils laissent la poitrine respirer librement, aspirer sans effort une certaine abondance de vie. [...] Et voilà la vraie qualité étrusque : aisance, naturel, et abondance de vie[2] » – une très soutenable légèreté de l'être.

Vers 30

Pain et vin, Palestine romaine

Le dîner le plus lourd de conséquences pour le monde chrétien se déroule lors d'une soirée printanière à Jérusalem à l'époque où elle est occupée par les Romains. On est à la veille de la Pâque juive. Les bêlements des agneaux destinés au sacrifice résonnent, en se mêlant aux cris des commerçants, à travers les ruelles de la somptueuse cité des monts de Judée. De nombreux pèlerins, couverts de poussière et épuisés par le long voyage, négocient déjà les plus beaux spécimens. Au matin, on abattra les agneaux dans l'immense temple dont le marbre blanc resplendit au-dessus des toitures des habitations. Mais un groupe composé de treize hommes a déjà pris place avant l'heure pour un repas de Pessah. Un certain Jésus de Nazareth, un prédicateur itinérant que le grand prêtre institué par les Romains veut faire arrêter de crainte qu'il ne pousse le peuple à se soulever, accapare l'attention entière de la tablée.

Une fois le repas entamé, Jésus regarde à la ronde ses disciples réunis. La conversation s'interrompt. Et Jésus de déclarer tranquillement : « Je vous le dis : l'un de vous me trahira et me livrera. » Regards effarés, murmures consternés : qui donc fera cela ? Jésus connaît déjà la réponse : « Celui qui a trempé avec moi son pain dans le plat, c'est lui qui me trahira. » De fait, l'allusion est transparente : c'est Judas qui a trempé son pain dans le plat commun en même temps que Jésus, c'est lui le traître.

Dans les temps bibliques, le repas du soir est servi dans un grand plat que l'on pose au centre de la table, après quoi chacun utilise son pain plat en forme de galette comme une cuillère, en allant ainsi directement y chercher la nourriture. La Bible ne précise pas ce qui se trouve exactement dans ce grand plat lors de cet ultime dîner. Mais il s'agit vraisemblablement d'un simple plat végétarien fait de légumes secs, peut-être de lentilles, mijotés avec des oignons, de l'huile d'olive et un peu de jus de grenade. De surcroît, il doit se trouver sur la table, en ce jour qu'il s'agit de célébrer, un rôti d'agneau. On retire tout d'abord à l'agneau pascal son pelage, que l'on fait entièrement brûler dans la braise du four creusé dans la terre. Ensuite, on embroche l'animal sur un long pieu, on le plonge dans la fosse incandescente, que l'on recouvre, jusqu'à ce qu'il soit parfaitement cuit. Les spécialistes des Évangiles ont une bonne raison de ne pas s'attarder sur cette question du menu, car en définitive il sera servi à table ce soir-là les deux choses les plus simples qui soient : le pain et le vin.

Le pain plat en forme de galette est très répandu dans la région. Chaque matin, les femmes moulent les grains de blé à l'aide d'un moulin à main fait de deux meules. La farine grossière est passée au tamis et pétrie avec de l'eau et du sel jusqu'à donner la pâte dont sont faites ces fines galettes. L'air du petit matin est embaumé par l'arôme du pain chaud : les galettes sont cuites dans la braise d'un feu, au cœur d'une cuvette creusée dans le sol, sur des pierres chauffées au préalable et entre les cloisons brûlantes de fours communautaires maçonnés. Le vin est lui aussi omniprésent dans la vie quotidienne. Les petites gens le mélangent principalement avec de l'eau de la fontaine afin d'atténuer son fort goût de renfermé – et probablement aussi pour des raisons d'hygiène : on ne sait pas encore qu'il est possible de faire bouillir l'eau.

Après avoir identifié celui qui va le trahir et avoir ainsi montré de façon très explicite qu'il sait que sa fin approche, Jésus rompt un pain en morceaux qu'il répartit entre ses disciples avant de leur faire passer un calice rempli de vin. Et d'accomplir en même temps quelque chose de tout à fait inhabituel. Il prononce en effet les mots suivants : « Prenez, ceci est mon corps. » Et lorsque c'est au vin de passer de lèvre en lèvre, le voilà qui déclare que ceci est son sang. Ces mots qui, tout d'abord, furent très possiblement jugés étranges et qui dissuadèrent peut-être même certains convives de faire honneur à ces aliments constituent en réalité une très habile stratégie dont tout l'objet est de fonder un rituel. Ce dîner de Jésus et de ses disciples ne cessera plus d'être réitéré sous la forme d'un repas religieux.

La dimension religieuse de tel ou tel aliment n'a rien d'inédit à ce moment de l'histoire. La nuit du séder, par exemple, qui marque le début de la fête de Pessah, la table est recouverte d'ingrédients à forte teneur symbolique : le pain azyme représente l'exode des Juifs hors d'Égypte, qui se déroula de façon si précipitée que l'on n'eut pas même le temps de faire cuire de la pâte à pain. L'eau salée symbolise les larmes qui furent alors versées. Diverses herbes amères renvoient à l'amertume de l'esclavage juif en Égypte. Et ainsi de suite : tout ce qui est avalé invite ceux qui sont réunis autour de la table au souvenir, au rappel et à l'union. La tradition chrétienne que fonde Jésus lors de cette soirée printanière va plus loin : le pain et le vin ne rappellent pas seulement l'ultime repas précédant sa mort en martyr, non, c'est à travers eux qu'il prend toujours et encore place parmi l'assemblée des croyants, c'est à travers eux qu'il devient partie intégrante de la communauté – et à un tel point qu'on le mange, qu'on l'incorpore. De surcroît, ce n'est certainement pas un hasard si le rite le plus significatif d'une communauté de croyants est le repas pris justement en commun. En définitive, on ne voit guère quel autre rituel social pourrait, mieux qu'un repas pris en commun, fonder une communauté.

Le pain et le vin rappellent aussi, aujourd'hui encore, l'origine méditerranéenne du christianisme, qui fait son apparition dans cette partie du monde dont les champs et les collines regorgent de céréales et de vignes. Le fait que Jésus confère précisément une telle force symbolique à ces deux aliments relevant du quotidien dit avant tout la chose suivante : le Fils de Dieu ne vient pas seulement aux élites ; bien au contraire, il vient s'asseoir à chaque table, y compris dans les paroisses les plus pauvres.

Vers 100

Potée de gladiateurs, Empire romain

Une chaude soirée d'été dans la Rome antique. Le tumulte déconcertant, qui anesthésie les sens, envahit les rues encaissées qui serpentent entre les hauts blocs d'habitations. Des masses de piétons empressés se bousculent et se poussent, alors que plus loin, devant eux, plusieurs charrettes barrent la voie. Les chevaux qui sont menés à travers la foule par de distingués cavaliers enveloppés dans des toges, sans considération pour les éventuels dégâts humains qu'ils pourraient occasionner, renâclent bruyamment. Une chaise à porteurs où se trouve assis un sénateur en train de brailler se fraye péniblement un passage dans cette masse humaine. Les simples citoyens se pressent en grinçant des dents le long des murs en briques des maisons. Tout Rome se dépêche : c'est l'heure du dîner, de la *cena*.

Des simples tavernes où l'on trouve en quantité des olives au vin et du pain résonne déjà le brouhaha de la plèbe. Les habitants des *insulae* à plusieurs étages qui préfèrent dîner chaud s'arrêtent pour se restaurer dans l'une des innombrables *thermopolia* car, en raison du risque élevé d'incendie, il est interdit d'entretenir un feu dans les immeubles locatifs. Des faitouts dont le contenu est gardé bien chaud par un feu entretenu en permanence sont enchâssés dans les comptoirs maçonnés de ces établissements de restauration rapide. Il y a du pain et du *puls*, de la bouillie d'épeautre, presque semblable à de la polenta mais d'un goût plus épicé. On mange des légumes, des oignons, de l'ail, du fromage et des fruits, parfois un peu de viande bouillie. Et beaucoup d'herbes qui, à cette heure du jour, parce qu'elles marinent depuis un bon moment dans les casseroles, envahissent les pièces de leurs arômes intenses.

C'est sur des chaises que l'on s'assied dans les cafés-restaurants, l'une des nombreuses raisons pour lesquelles un membre de la classe supérieure romaine ne poserait jamais un orteil dans pareil endroit : après tout, seul un canapé de table est conforme à son statut social. Les membres de l'élite, lorsqu'ils se restaurent, optent pour l'entre-soi. Pour la bourgeoisie romaine, organiser chez soi un banquet convivial offrant des mets généreux et savoureux mais offrant avant tout l'occasion de bavarder relève du quotidien. Et dans les villas des familles romaines les plus fortunées et les plus importantes on se met aussi à table avec grande impatience, car des créations culinaires parfaitement inconcevables pour les autres couches sociales y sont servies avec largesse. Il n'est pas rare que la créativité dont on fait assaut dans la préparation des plats témoigne d'un sadisme rare – auquel on a d'ailleurs particulièrement recours, à l'évidence, lorsqu'il s'agit de créer un effet de surprise. Des sources évoquent notamment des grives vivantes retenues prisonnières dans la cavité abdominale d'un sanglier et s'en échappant en voletant jusqu'au plafond, affolées, dès que l'on se met à découper le rôti. L'effet de surprise est plus sensationnel encore lorsqu'on dissimule les oisillons dans des porcelets en pâte à gâteau tétant quant à eux les mamelles d'une laie abattue pour l'occasion. En guise de surprise du chef, les esclaves cuisiniers présentent ce soir aux convives des loirs farcis, des langues de flamant rose et du foie de rossignol fortement assaisonné.

Dans la société antique, un phénomène qui ne fera que gagner en importance au fil des siècles suivants se constate déjà : la nourriture sert désormais aussi à se distinguer socialement. Plus la position de chaque Romain au sein de la hiérarchie sociale est incontestable, plus le mode d'alimentation de chaque groupe social en est clairement précisé. Une petite couche de la population dont le statut est encore inférieur à celui des esclaves en témoigne de façon particulièrement évidente. Dans le même temps, les membres de ce groupe sont adulés, ils jouissent d'une flamboyante célébrité – et portent un sobriquet peu flatteur, en référence à la denrée alimentaire dont ils se nourrissent de façon presque exclusive : on les appelle les *hordearii*, les bouffeurs d'orge. Ce sont des gladiateurs dont je parle. Les lutteurs de métier, qui risquent leur vie dans l'arène en combattant au moyen d'épées, de poignards et de filets à lancer, sont des végétariens invétérés – la viande est trop chère pour eux et leurs semblables. Les gladiateurs mangent presque uniquement des céréales, des haricots et des légumes secs. Tantôt en compote, tantôt en soupe.

Une rude journée d'entraînement dans les arènes d'exercice des écoles de gladiateurs est sur le point de se terminer. Le dernier lutteur présent quitte les lieux en chancelant, ruisselant de sueur. Tandis que les élèves gladiateurs se font masser, la soupe de céréales mijote déjà dans de grandes casseroles posées sur le feu dans la cuisine de l'école. Les premiers plats creux contenant la potée sont servis. Un chaud mélange velouté de légumes secs en bouillie. Dès les premières cuillerées, les parois de la cavité buccale se contractent, des larmes viennent aux yeux de ces hommes : c'est qu'ils avalent un mélange d'arômes très épicés et tout à fait opposés – un trait caractéristique de la cuisine de la Rome tardive –, qui assaillent les papilles avec grande violence et tous en même temps. Les feuilles fraîches de la rue officinale ont un goût presque insupportablement amer ; les Romains aiment les herbes et relèvent presque tout avec. Et de même de l'âcre et très forte livèche et bien sûr aussi du très salé *garum*, cette sauce pour laquelle des poissons entiers sont roulés dans du sel et mis à fermenter dans des cruches ouvertes plus de trois mois durant sous un plein soleil. La puanteur qui s'en dégage tout au long de ce processus est telle qu'il est interdit de fabriquer du *garum* dans les centres-villes. Mais le liquide qui en résulte et qui est mis en bouteilles – de petites bouteilles – est pour les Romains (comme il l'était déjà aussi auparavant pour les Grecs) une composante incontournable de leur univers gustatif. Le goût du salé est si intense qu'une sensation de picotement s'empare alors de la langue entière. Au goût amer, au goût épicé et au goût salé se serait encore ajouté quelques années auparavant l'arôme du laser, un jus obtenu à partir du silphium, une plante que l'on trouve en Libye. Il avait vraisemblablement un goût très proche de celui de l'ail, un peu plus âcre seulement. L'herbe disparut à l'époque de Néron, l'empereur ayant soi-disant ingurgité lui-même la dernière plante. Les lentilles et les pois chiches étant ramollis au préalable dans l'eau des citernes, il émanait de la potée entière un bouquet légèrement saumâtre.

La saveur très richement et diversement épicée présente un grand avantage. Elle permet de recouvrir presque entièrement le goût en partie très désagréable de certains aliments. Par exemple celui de la grue, qui évoque l'œuf pourri. Des cuisiniers chevronnés ne se contentent pas de tels effets de passe-passe gustatifs : ils pratiquent aussi le trompe-l'œil, et c'est ainsi que sont élaborées des techniques toujours plus sophistiquées ayant tout de la duperie culinaire : le porc est présenté comme de la volaille, les pis de laie comme du poisson et il est désormais possible de faire passer sans difficulté de la viande de chien pour du lièvre.

Pour en revenir au gladiateur et à sa potée de céréales : au IIe siècle, Claude Galien, le médecin de Pergame, émet l'hypothèse que les bouffeurs d'orge devaient leur embonpoint et la mollesse de leur physionomie à leur alimentation. De fait, les lutteurs professionnels ont bien souvent un physique plutôt rondouillard, leur graisse leur offrant une certaine protection contre les blessures par armes blanches. Tout de même, l'épaisseur des os des gladiateurs correspond, comme l'ont démontré à notre époque des analyses poussées, à celle des sportifs de compétition : à l'évidence, leurs os contiennent plus de strontium que tous les autres. Ce qui s'explique peut-être aussi par le fait qu'une boisson spécifique, riche en calcium, leur était servie après l'entraînement au combat : une boisson à base de vinaigre et de cendre de plantes. Une autre denrée qui n'était réservée qu'à ce groupe social dont la force distinctive peut même être constatée dans les os de ses membres.

Vers 600

Injera, royaume d'Aksoum

Au moment où les premières gouttes de pâte liquide entrent en contact avec la plaque d'argile brûlante, ça grésille et ça fume. Le disque est posé sur un four en terre glaise à l'intérieur duquel vacillent les flammes d'un feu. D'une main calme, une jeune femme verse dessus cette pâte en dessinant un large mouvement concentrique, en commençant par le centre jusqu'aux bords extérieurs, de manière à remplir toute la surface, tandis que la pâte cuit déjà. Le temps disparaît dans ce mouvement circulaire. Sa mère, à son âge, faisait déjà couler la pâte sur la plaque chauffée à blanc, et leurs aïeules de même avant elles, personne ne se souvient du moment où ce procédé fut conçu. Depuis des milliers d'années, on récolte dans ces contrées le teff, un mil, une herbe haute et douce, qui pousse sur le haut plateau éthiopien et qui ondoie au vent telle la fourrure d'un animal paisible. La farine de teff est l'ingrédient le plus important pour l'*injera*, ce pain plat en forme de fine galette dont, là encore, on a oublié de longue date les débuts.

Mais au fil des siècles on trouvera toujours à Aksoum, la capitale du puissant royaume du même nom, les plaques chauffantes, les *mitads*, qui, posées sur les fours en terre glaise, dégagent de la vapeur. De gigantesques stèles en pierre s'élèvent ici, sur les sépultures des rois, dans l'air étouffant. Les édifices colossaux évoquent d'étroites et très hautes tours d'habitation de grand style, des constructions à multiples étages et au nombre d'ouvertures tout simplement délirant – quelles visions invraisemblables, démentes, furent celles de leurs maîtres d'œuvre ?

La pâte pour l'*injera* est faite de teff moulu et d'eau. On laisse fermenter le mélange plusieurs jours – il y a de la levure naturelle dans le mil. Chaque habitation éthiopienne abrite dans un coin des récipients massifs couverts dans lesquels se forme lentement un liquide sombre, acide, qui finit par flotter au-dessus de la pâte. Il faut de l'expérience et de l'intuition pour déterminer à quel moment exactement le mélange est prêt.

Un arôme intense s'élève désormais des plaques sur lesquelles cuit l'*injera*. La surface du pain plat, semblable à celle d'une crêpe, comporte maintenant d'innombrables pores et de très petits cratères, sa texture évoque celle d'une éponge, et cela même concourt à la saveur de l'*injera* : plus ces minuscules cuvettes sont nombreuses, meilleur est son goût, car elles s'imprègnent des pâtes, des ragoûts et des potées du nom de *wat* qui sont servis avec. Le pain doux fait aussi office d'assiette et de vaisselle. Il est de la taille d'un plateau rond et d'apparence lisse. On y répartit des portions individuelles de *wat* ; il en existe différentes sortes : la plus traditionnelle, le *doro wat*, contient du poulet et de l'œuf bouilli ; il en existe une version avec lentilles, une au bœuf, une à la chèvre ou à l'agneau, suivie d'une simple potée aux légumes. Le *wat* est une potée épaisse, compacte, que l'on peut avantageusement verser sur l'*injera* dans des coupes grosses comme le poing. Il est le résultat d'une chaleur intense et d'une très circonspecte lenteur. Tout d'abord, on fait cuire des oignons dans un récipient sec, jusqu'à faire s'évaporer le liquide que contiennent la plupart d'entre eux. Ensuite, on y ajoute du *niter kibbeh*, à savoir du beurre clarifié, dont le goût de noix est encore relevé au moyen d'aromates comme le cumin, le curcuma, la cannelle ou le besobela, le basilic éthiopien. On fait roussir les très grésillants oignons et, sans adoucir le feu, on verse sur eux les condiments et les herbes, jusqu'à ce qu'ils se disloquent tous pour donner une épaisse bouillie qui confère sa dense consistance aux ingrédients restants.

Le *wat* peut être doux, épicé ou très fort. (Depuis l'introduction du piment rouge en Afrique, au XVIe siècle, on utilise pour obtenir un goût épicé très âcre du *berbere*, un mélange d'aromates comprenant du chili, de la coriandre, de l'ail, du gingembre et des herbes sauvages éthiopiennes.) Chaque portion qui est déposée sur l'*injera* a une couleur différente et un arôme distinct. Tout se combine très plaisamment avec la saveur peu épicée, légèrement aigre, du pain doux que l'on découpe à la main et dont on se sert pour envelopper une portion de *wat* que l'on portera ainsi à sa bouche. Dans l'Aksoum de l'Antiquité tardive, une petite société de convives s'est maintenant réunie autour du plat prêt à être savouré – non seulement les membres de la famille mais aussi les voisins, les petites amies, les invités. Le repas convivial est au fondement de la vie sociale des Éthiopiens. C'est aussi le cas d'un rituel qui est appelé le *gursha* : chaque participant au repas prépare un morceau particulièrement savoureux – pour l'offrir ensuite, en le lui glissant directement dans la bouche, à l'un de ses voisins de table. La manière dont les *gursha* se succèdent obéit à une hiérarchie précise. En règle générale, ce sont tout d'abord les personnes les plus âgées et les invités de marque qui se voient offrir ces parts, en signe de considération. Celui qui offre ainsi à un voisin ou une voisine de tablée un morceau attend de sa part, en contrepartie, un même geste. Et il est indiqué d'offrir trois portions par personne : comme on le dit dans ces contrées, un *gursha* fait des ennemis, deux les séparent de nouveau, et trois permettent de les réunir.

Le fait de se donner mutuellement à manger directement dans la bouche donne expression au souci de l'autre et à l'attention qu'on lui porte – il s'agit ici de souligner fortement l'importance du vivre-ensemble, une dimension intrinsèque au repas pris en commun. Dans d'autres cultures, on juge néanmoins qu'une telle manière de faire enfreint les codes du savoir-vivre : elle est jugée intrusive, et à partir d'un certain âge elle est aussi assimilée à une forme de mise sous tutelle et de perte de contrôle. (Du point de vue de l'homme occidental moderne, le fait de manger avec les mains et non à l'aide de couverts stériles est déjà un motif d'embarras. Cette manière de renoncer aux ustensiles culturels familiers, qui instaurent toujours une distance avec la nourriture, semble encore plus inouïe dès qu'on laisse une main étrangère nous nourrir, sans filtre d'aucune sorte.) Au XVIIe siècle, le jésuite portugais Jerónimo Lobo parlait déjà de cette coutume sur un ton ouvertement dépréciatif : « Tout ce qu'ils mangent dégage une forte odeur et baigne dans le beurre. Ils n'utilisent ni linge de table ni assiettes. Les personnes de rang ne touchent jamais ce qu'elles mangent. Leur viande est découpée en petits morceaux et leur est déposée directement dans la bouche[1]. » À la fin du XIXe siècle, l'aventurier français Émilius Albert de Cosson remarquait de façon non moins perplexe : « Le pain avait la forme de grandes hosties aussi épaisses qu'une crêpe et d'un diamètre d'un pied et demi. [...] Lorsque le Ras décidait de rendre à l'un des invités autochtones un hommage tout particulier, il s'emparait d'un morceau de pain, le trempait dans chaque sauce et, de sa propre main, le glissait dans la bouche de l'intéressé. » Il savait toutefois se montrer un tantinet plus ouvert d'esprit : « Mais on ne peut leur dénier des manières de table d'une grande adresse, ils sont si adroits qu'aucun désordre n'y règne et, si le pain était passablement amer, certaines sauces étaient savoureuses, et le repas n'était pas aussi immangeable qu'on pouvait le craindre[2]. »

Il est curieux que deux Européens n'établissent aucun rapport entre deux univers culturels qui étaient pourtant alors associés de la manière la plus évidente – depuis le IVe siècle l'Éthiopie est dans sa grande majorité chrétienne et, dans l'Église chrétienne depuis le VIe siècle, au moment de l'eucharistie le prêtre dépose le pain directement dans la bouche du fidèle. Mais il existe manifestement une nette différence entre le rituel religieux et un geste qui est accompli dans le cadre d'un banquet à caractère séculier (pour ne rien dire du mépris occidental à l'encontre de l'Afrique). La thématique de la nourriture deviendra une fois de plus un espace de négociation de la proximité et de la distance, de l'entrée en contact et de l'étrangeté.

Vers 1150

Soupe médicinale, Saint Empire romain

Cette soupe miraculeuse est concoctée de la manière suivante : on fait légèrement réduire une poignée d'épeautre avec un peu de légumes potagers, du céleri, du fenouil et des carottes. Et maintenant viennent les ingrédients les plus importants, en l'occurrence : du basilic, de l'aneth, du persil, du bertram et du galanga. Et peut-être encore un peu de serpolet, qui purifie et guérit le corps de l'intérieur et qui, du reste, est aussi d'un précieux secours contre la gale.

Au Moyen Âge, en Europe, la thématique de la nourriture revêt de nombreuses significations fondamentales. En tant qu'acte social, l'acte de se sustenter peut engager aussi fortement qu'un contrat. Les jours de jeûne, l'alimentation est l'objet de directives strictes mais elle donne aussi expression à la très fervente foi religieuse. Un repas fortement épicé, et de très ostensible façon, est un signe de richesse et de puissance. Le Moyen Âge est une époque de famines effrayantes et de festins spectaculaires. Par ailleurs, la nourriture se voit conférer des vertus médicinales.

Vers 500, déjà, le médecin grec Anthime évoque un aliment précis qui n'était pas seulement le plat préféré des Francs mais était aussi utilisé par eux comme panacée. Il est ici question du... lard cru. Comme l'expose Anthime, l'affaire est passablement complexe : « Le saindoux que l'on fait revenir, savouré avec un plat ou versé sur des légumes, ne nuit pas. Contrairement au lard sauté, qui nuit. Toutefois, pour ce qui est du lard cru que les Francs ont – comme je l'entends – l'habitude de manger, je serais curieux de savoir qui leur a indiqué un tel remède, à ce point efficace qu'ils n'en ont pas besoin d'autre. Ils le mangent cru, tel quel ; puisqu'il est source pour eux de grand plaisir et gage de santé, bien mieux que les autres médicaments. Car il permet, tel un excellent remède, de guérir tous les viscères. [...] Du gros lard appliqué durablement sur elles nettoie toutes les plaies, extérieures comme intérieures, ainsi que celles causées par des actes de violence. Il empêche la plaie de s'infecter et il la guérit[1]. »

Les habitués des tables raffinées du Moyen Âge aiment en outre grignoter des friandises sucrées à côté de copieux plats épicés, pour des raisons médicinales. Les petites sucreries sont faites de fruits, de condiments et de sucre. Ce dernier est censé purifier le corps, être bénéfique pour les reins et neutraliser de surcroît les mauvais effets les plus divers d'autres denrées alimentaires – le sucre, un suave antidote à la très nocive gloutonnerie. Le sucre est même utilisé pour les soins dentaires, on considère qu'il aide à se débarrasser des résidus laissés par une alimentation grasse. En outre, les moines distribuent volontiers aux nécessiteux du pain d'épice, considéré comme un remède particulièrement efficace.

Bien des choses que l'on croit savoir alors au sujet du corps et de son alimentation se fondent sur la théorie des humeurs, héritée elle aussi de l'Antiquité. Selon cette théorie, l'homme est fait de quatre substances essentielles : le sang, le mucus, la bile noire et la bile jaune. Ces substances corporelles sont soit chaudes soit froides, sèches ou humides. Les denrées alimentaires sont également classifiées en fonction de ces qualités, elles sont chaudes et sèches, chaudes et humides, froides et sèches ou froides et humides. Le sucre, par exemple, est jugé chaud et humide et, pour cette raison même, il est en soi une bonne denrée alimentaire, étant donné que les substances essentielles d'un homme en bonne santé se caractérisent par une chaleur et une humidité modérées. Afin que les substances essentielles d'un patient se montrent en juste équilibre, les médecins prescrivent des régimes à l'avenant, dans le but de compenser tous les phénomènes critiques venus perturber l'équilibre entre ces substances corporelles. Un régime à base de lard et de sucre ne serait à cet égard probablement pas à exclure.

Mais, pour l'essentiel, c'est naturellement le savoir accumulé autour des vertus curatives des herbes et des aromates qui inspire l'art culinaire médiéval. Un savoir qui a une forte dimension spirituelle. Ici, on croise tout de suite Hildegarde de Bingen, cette grande connaisseuse des herbes dont on parlait souvent comme d'une sainte, qui fut nonne et mystique et qui écrivit sur les plantes un certain nombre d'ouvrages de grande érudition au XIIe siècle. L'influence ininterrompue qu'elle a exercée au fil des siècles se fait encore sentir aujourd'hui dans les pratiques ésotériques, et les noms de certains mélanges d'infusions qui en imposent conservent sa trace. C'est à elle que nous devons la recette de soupe médicinale qui est évoquée au début de ce chapitre, un véritable feu d'artifice d'effets fantastiques ou peu s'en faut : cette plante froide qu'est le basilic peut selon Hildegarde être d'une aide précieuse contre la fièvre. Par ailleurs, les hommes qui ont brutalement perdu l'usage de la parole ont tout intérêt à déposer sous leur langue paralysée une feuille de basilic, et la parole leur reviendra comme par enchantement. Le galanga pour sa part est chaud et il peut se prévaloir de vertus médicinales, il est d'une grande aide pour tous ceux qui souffrent d'un cœur faible. Le persil atténue la fièvre légère mais une certaine prudence est aussi de mise dans l'usage de cette herbe si l'on ne veut pas sombrer dans la mélancolie, car, comme le dit Hildegarde : « Il instille la gravité dans l'esprit de l'homme[2]. » Afin d'éviter cela, par mesure de précaution, on mettra un peu de bertram dans la soupe, histoire de retrouver les idées claires. Il augmente en outre la production d'un sang de qualité, purifie les substances corporelles essentielles et renforce à la fois les défenses immunitaires et l'acuité visuelle.

On ne voit guère d'époque plus imprégnée que le Moyen Âge par la croyance en les miracles et la magie. Le miracle obtenu par voie divine, l'angoisse permanente qui est suscitée par l'enfer et le Malin, la force des talismans, des pierres précieuses et des amulettes ; les guérisseurs, les voyants, les esprits, les sorcières… Les vertus médicinales, qui confinent à la magie, des herbes et de certaines denrées alimentaires diversement tempérées s'intègrent sans aucune difficulté dans cette façon d'envisager l'existence au plus haut point mystique. Mais gardons-nous de parler ici de médecine alternative – après tout, il n'existe guère d'autre possibilité en ce temps-là, lorsqu'il s'agit de se soigner, que le recours aux herbes et aux aromates. Et il n'est donc pas étonnant qu'une soupe, qu'une friandise et du lard soient comme investis d'un charme quotidien qui ne tarde jamais à adopter la forme d'un miracle. La nourriture n'a vraisemblablement jamais été plus spirituelle, miraculeuse et magique qu'elle le fut au Moyen Âge.

Vers 1200

Pot-au-feu, empire de Chine

Deux voisines telles qu'elles ne pourraient être plus différentes l'une de l'autre : d'un côté, la Chine qui, vers l'an 1200, est la civilisation la plus développée du monde. Une économie à la croissance exponentielle, des citoyens plus que prospères, aimant s'habiller et se meubler de très coûteuse façon et appréciant un art culinaire raffiné. Le berceau d'un art d'une beauté renversante et d'une littérature d'une très grande subtilité. Un artisanat typographique florissant, des bibliothèques richement fournies, d'excellentes écoles. Les manufactures impériales essaiment dans tout le pays. On y dispose de solides connaissances médicinales et en sciences naturelles.

De l'autre côté, la Mongolie, un peuple de nomades et d'analphabètes vivant sous des sortes de tentes et de la production de feutre. Qui possèdent à titre individuel si peu de choses qu'ils peuvent les regrouper sur le dos d'un cheval. Ils ne mangent quasi que du mouton et du fromage, leurs vêtements sont cousus de toisons animales et, lorsqu'il s'agit pour eux de chauffer leurs yourtes, ils brûlent sans s'en formaliser outre mesure les excréments de leurs animaux. Et c'est précisément à ces grossiers compagnons que les Chinois doivent leur plat national : le pot-au-feu.

En dépit de la supériorité intellectuelle dont ils se prévalent, les Chinois de la dynastie Song doivent, hélas pour eux, reconnaître qu'ils ne disposent pas d'une armée digne de ce nom. Parce que la perspective d'un putsch militaire est pour eux un motif permanent d'angoisse, les détenteurs du pouvoir ont renoncé à mettre sur pied des troupes importantes, préférant en lieu et place dresser l'éloge du pacifisme. Malheureusement, leurs voisins mal dégrossis sont d'excellents guerriers et de remarquables cavaliers qui, avec leurs arcs, fabriqués par leurs soins, savent décocher des flèches mortelles à grande distance sans devoir pour autant interrompre le galop effréné de leurs chevaux. Mais rôde un malheur plus grand encore : un certain Gengis Khan s'efforce avec succès d'unifier les Mongols qui, jusqu'alors, n'avaient pas cessé de se quereller entre eux, et il ose fomenter une attaque de grande envergure contre la Chine. C'est son petit-fils, Kubilay Khan, qui en définitive vaincra une fois pour toutes la Chine lors d'une bataille navale cauchemardesque dans la baie de Yamen. La flotte mongole est ridiculement modeste comparée à celle des Chinois ; néanmoins, les anciens nomades se révèlent à cette occasion redoutablement rusés et audacieux. Tandis que les milliers de jonques chinoises partent en flammes, les femmes s'attachent des poids autour de la taille et sautent dans les profondeurs pour ne pas tomber aux mains des Mongols. L'empereur, qui n'a que 7 ans, et les derniers membres existants de sa dynastie se jettent eux aussi dans les noires profondeurs de l'océan. L'une des nations les plus fières de cette Terre est assujettie. Depuis que la Chine a ressuscité, et jusqu'à nos jours, ses citoyens s'asseyent tous gaiement autour de tables rondes et de ces *hot pot* placés en leur centre, jadis importés des steppes infinies de leur contrée natale par ces occupants si méprisés. L'homme et son rapport à la nourriture montrent véritablement une ambivalence remarquable.

À en croire une légende que les historiens n'ont jamais corroborée, les Mongols utilisaient en premier lieu leurs heaumes comme casseroles improvisées. Ils y faisaient chauffer sur des feux leurs bouillons, pour y faire mijoter de la viande de mouton coupée en petits morceaux. Tel est le principe de base du *hot pot*, que l'on appelle aussi dans cette région du monde la potée mongole, et qui pour l'essentiel ne se distingue vraiment pas beaucoup de la fondue. On ne saura probablement jamais de façon certaine si ces heaumes étaient bel et bien utilisés pour cela (mais ce n'est pas impossible ; au fil de l'histoire, les soldats utiliseront toujours plus leurs casques pour cuisiner.) En tout cas, le fait est que les Mongols montrent une prédilection pour le mouton de la Chine du Nord : celui-ci y est resté jusqu'à nos jours l'un des nombreux ingrédients qu'il est possible de pocher dans un pot-au-feu. Et il est bien concevable que les nomades mongols fassent cuire leur viande dans ce « pot » que l'on peut déplacer à loisir et qui, de surcroît, fait aussi office d'agréable source de chaleur autour de laquelle se regrouper lors d'une nuit froide. (Les Mongols pratiquent encore aujourd'hui une autre méthode permettant de faire mijoter un mouton au complet sans aucun ustensile de cuisine : on éventre l'animal entier de haut en bas, et on en retire soigneusement les os, la chair et les entrailles. La chair, le foie et les reins sont assaisonnés et replacés tous ensemble dans l'animal avec des pierres brûlantes, afin que la viande grille dans la carcasse elle-même. Avant de consommer le plat, on fait passer parmi les convives les pierres plaisamment chaudes et luisantes de graisse.)

Le *hot pot* se propage rapidement en Chine, le plus souvent sous la forme d'un ensemble à fondue avec cheminée en son centre, que l'on remplit de charbon ou de bois incandescent. Sur cette base, chaque région élabore sa propre version du pot-au-feu. Dans le sud de la Chine, on aime le bouillon plutôt sucré, alors que dans le nord on l'aime salé.

Dans l'est, on goûte volontiers les notes acides, alors qu'à l'ouest un bouillon à la saveur pour le moins prononcée fume sur la table : le pot-au-feu de la région du Sichuan, célèbre pour son poivre, est particulièrement populaire en Chine. Son intérieur bouillant dégage une couleur rouge vif alors qu'à la surface du bouillon flottent des grains de poivre gonflés, des piments et bon nombre d'aromates.

Le pot-au-feu a directement trait à la dimension peut-être la plus cruciale de la nourriture : il crée une communauté (celui qui, aujourd'hui, a l'idée singulière de se rendre tout seul dans un restaurant chinois spécialisé dans le *hot pot* se retrouvera peut-être en compagnie d'un animal en peluche surdimensionné, que l'on aura placé avec sollicitude à côté du bizarre solitaire). On place le pot au mieux sur une table ronde, telle qu'on en trouve fréquemment en Chine, où elle symbolise traditionnellement l'harmonie et l'association. De façon logique et dans le prolongement direct de cette tradition se multiplient aussi des ensembles à fondue qui, au lieu d'accueillir en leur centre une cheminée, sont divisés en deux parties – l'une réservée au bouillon fort et l'autre au bouillon doux, ces deux parties adoptant les arrondis du yin et du yang jusqu'à s'imbriquer et former un tout. Des fruits de mer, du poisson, de la viande et des légumes y sont plongés, tandis que quelques *jiaozi*, de très savoureuses boulettes, qui y avaient entre-temps été jetées, y baignent peut-être encore. On part ensuite à la pêche à l'aide de louches, de baguettes et de piques tandis que les fenêtres autour se couvrent de buée et que les rues et leur très fébrile activité disparaissent comme derrière un rideau de théâtre. À la fin, le bouillon, saturé des ingrédients qui y ont été incorporés des heures durant et qui lui ont donné son goût très corsé, est rempli d'épluchures et vidé dans le recueillement.

Lorsque Kubilay Khan s'empare du pouvoir en Chine, ce n'est pas la Chine qui s'adapte à la Mongolie mais l'inverse : l'empereur mongol s'efforce de devenir aussi chinois que possible. C'est à l'aune du modèle chinois qu'il fait construire un temple confucéen et bouddhique et une ville-palais. Il fait étudier à son fils aîné la littérature ainsi que la philosophie chinoises. Et il organise des banquets pour le moins opulents qui n'ont plus grand-chose à voir avec son passé de nomade frugal. En dépit de tout cela, le peuple chinois est systématiquement tenu pour menu fretin. Et dans les somptueux jardins du palais de Khan, le promeneur tombe à intervalles réguliers sur les yourtes qui y sont éparpillées et dans lesquelles les membres de sa suite préfèrent encore passer les nuits. La dynastie mongole Yuan demeure une sorte de corps étranger en Chine. La mort de Kubilay Khan annonce aussi le déclin pour le moins rapide de la famille régnante. Mais si les Mongols disparaissent de nouveau, ils laissent néanmoins sur place, et pour fort longtemps, leur pot-au-feu. Même si celui-ci ne joue plus aucun rôle dans la cuisine mongole d'aujourd'hui, en Chine s'asseoir tous ensemble autour du pot brûlant est devenu une tradition culinaire qui, à l'évidence, aura duré bien plus longtemps que l'occupation par les Mongols.

Vers 1350

Blanc-manger, Saint Empire romain

Qui réfléchit à la nourriture ne saurait faire l'impasse sur la faim. Au Moyen Âge, en Europe, la faim, dans sa brutalité folle, impitoyable, accompagne constamment l'homme. Même les citoyens prospères souffrent des famines. Personne ne peut influer sur les saisons. Chaque récolte peut tourner au fiasco, tout bétail peut tomber malade. Mais lorsque les récoltes sont bonnes et le bétail bien gras, on traite le trauma de la faim en festoyant sans retenue. De longues tablées de victuailles grincent alors sous le poids de montagnes de viandes, de pain, de fruits et légumes de saison ; tout y est préparé simplement, sans artifice culinaire. Les bienheureux mangeurs se pressent autour de la table : à l'époque médiévale aussi, la vie sociale tourne autour de cet axe qu'est la bombance en commun. Au début du Moyen Âge, le fait de manger tous ensemble fait lien de façon particulièrement significative. C'est par exemple avec un partenaire commercial qu'on partagera le repas du soir, dès lors synonyme de conclusion d'un accord.

Au haut Moyen Âge et au Moyen Âge tardif, la préparation de la nourriture devient une véritable profession, si bien qu'il devient possible de parler à son propos d'art culinaire – vers l'an 1350, et pour la première fois dans l'espace germanophone, un auteur anonyme consigne par écrit des recettes de cuisine dans un ouvrage intitulé *Das Buoch von guoter Spise* (*Le Livre de la bonne cuisine*). Et les inégalités sociales de se creuser encore un peu plus : au début du Moyen Âge aussi, il existe naturellement en la matière des différences prononcées entre les pauvres et les riches, mais qui s'expriment plutôt dans la hauteur des montagnes de viande posées sur les tables et dans la composition de la potée. Désormais, si la paysanne continue d'avaler sa bouillie de céréales, elle mange aussi quelquefois de la viande dont des herbes locales permettent de recouvrir l'arôme légèrement faisandé, tandis que du gibier, du poisson d'importation conservé dans du sel mais aussi du brochet ou du cabillaud et de la volaille sont servis aux maîtres. Si la volaille est particulièrement chère, c'est parce qu'une même logique s'applique à tous les produits : plus ceux-ci sont « récoltés » en hauteur, plus leur valeur est élevée. Ce qui pousse en hauteur, ce qui volète et vole dans les airs se situe dans la hiérarchie des aliments bien au-dessus de la très noueuse betterave, qui pousse sous terre. De surcroît, lesdits « maîtres aliments » sont relevés au moyen de toutes sortes d'aromates coûteux que les croisés ont rapporté d'Orient et que des voies commerciales permettent désormais d'acheminer. Les plats des gens fortunés embaument le safran, le gingembre, le sucre, la cannelle, le clou de girofle et l'amande. Les aliments qui se retrouvent sur les tables respectives des seigneurs et des paysans sont donc de qualités très différentes. Tout de même, on mange à la cour tous ensemble – le sentiment de honte du privilégié n'est probablement apparu que bien plus tard, l'homme moderne étant sans doute le premier à l'éprouver de temps à autre lorsqu'il montre un certain penchant à la sentimentalité.

Le moment est venu de se mettre à table dans une grande ferme domaniale. Les tables sont agencées en cercles concentriques. C'est au centre que s'assied le seigneur avec son entourage proche. Autour d'eux s'attablent tous ceux qui travaillent pour lui – plus on se trouve éloigné de sa personne, plus modeste est la position occupée dans la structure sociale de la cour. L'ambiance est bon enfant, des plaisanteries grossières sont récompensées par des éclats de rire retentissants (les accès de boulimie, les denrées avariées et les carences nutritionnelles chroniques conduisent en permanence à souffrir des maux afférents, raison pour laquelle on aime en règle générale fréquemment plaisanter de sujets assez peu raffinés, tournant autour des maladies digestives et intestinales). Les paysans assis aux tables fort éloignées de celle du seigneur mangent un pain de couleur sombre, dur, fait de farine de seigle, d'orge ou d'avoine, une farine qui n'est pas passée au tamis, raison pour laquelle elle est pleine de son et, en conséquence, difficile à mâcher. Ce pain de campagne, on en trouve aussi à la table des privilégiés, mais ceux-ci utilisent ces galettes archisèches comme assiettes pour leur viande. Il arrive souvent que ces pains, que l'on a entre-temps laissés tremper dans le jus de rôti d'une bonne viande, soient après le repas généreusement répartis entre les convives.

Les petits chanceux de la table située au beau milieu de la grande pièce se régalent aujourd'hui d'un maître-aliment particulièrement apprécié : le blanc-manger, un plat fait d'ingrédients de couleur blanche. Comme toutes les directives culinaires contenues dans *Le Livre de la bonne cuisine*, la recette du blanc-manger reste assez évasive pour ce qui est des quantités, du traitement à réserver aux ingrédients pris isolément ou encore du temps de cuisson – en revanche, l'auteur conclut volontiers sa recette par l'invitation laconique à ne point trop saler le plat. L'ouvrage s'adresse tout simplement à des cuisiniers chevronnés pour lesquels un pense-bête suffit largement et qui n'entendent peut-être pas partager leur savoir avec tout le monde, même s'il y est affirmé au début que ces pages rendront « avisé le cuisinier sans connaissances ». En définitive, chaque recette donne le sentiment que l'auteur se tient près d'un âtre dans la cuisine d'un château et donne des instructions à un cuisinier en plein labeur sur un ton au débit haché épousant le rythme du mortier avec lequel celui-ci concasse des aromates.

Il en ressort qu'un blanc-manger se concocte de la manière suivante : prendre une demi-livre d'amandes et un quart de livre de riz – voilà tout pour les instructions précises. Concasser le riz pour en faire de la farine, et bien écraser les amandes aussi au mortier. Verser ces deux ingrédients moulus dans du lait de chèvre froid. Ensuite, plumer un blanc de poulet, le découper en morceaux et le mélanger avec le reste. Ajouter du saindoux. Faire bouillir le tout, « *und gibs im genuc* », comprendre : le faire chauffer suffisamment. Un marmiton tire ensuite une chaîne raccordée à un dispositif de levage au-dessus du feu. La casserole s'élève en cliquetant, la chaleur baisse, le liquide mijote seulement encore légèrement et gagne en consistance (dans un autre passage de l'ouvrage il est question d'un « lait d'amande épais »). Maintenant la casserole est retirée tout à fait du feu. On répand des fleurs de violette concassées dans le plat de couleur blanche fumant. En dernier lieu, encore un quart de livre de sucre. Un fumet douceâtre s'élève maintenant de la casserole bouillante, le blanc-manger est prêt. La recette se conclut en précisant que, durant le carême, on pourra aussi utiliser ici du brochet en lieu et place du poulet.

Le mélange de saveur épicée et de sucré, qui déconcerte les palais d'aujourd'hui, n'est en rien rare dans les plats médiévaux. Ce n'est qu'au XIXe siècle qu'il deviendra courant de classer les plats en fonction de leurs saveurs respectives et de les servir en se conformant à un ordre, le menu se concluant désormais par un dessert sucré. On peut donc tout à fait grignoter quelques friandises tout en faisant un sort à du gibier fortement poivré. Et se réjouir ainsi de la bonne fortune qui, en ce jour, a permis que la table soit si richement garnie pour autant de monde.

Vers 1360

Fleurs de lotus sculptées à partir d'une pastèque, Sukhothai

Le roi Rama II, qui régnait sur la Thaïlande au début du XIXe siècle, écrivit un jour un poème consacré à une reine qui avait été bannie de la cour de Siam. Désespérée par sa situation ô combien difficile, celle-ci se déguise en servante et accède à la cuisine du palais. Elle s'y met au travail sur-le-champ car elle veut à tout prix entrer en contact avec son fils, le prince, qui sans se douter de quoi que ce soit se trouve alors dans la salle à manger attenante. Les légumes destinés à sa soupe attendent d'y être versés, ils ont été soigneusement découpés en petits morceaux. La reine bannie de la cour sort alors son coutelas et entreprend de sculpter avec art des miniatures dans ces légumes. Il s'agit de simples scènes de la vie quotidienne, des souvenirs de l'existence commune jadis menée par la mère et son fils, qu'elle dessine à coups de très fines incisions dans la chair des légumes. Une fois cette tâche terminée, la voilà qui part en quête des fruits destinés à la table de nuit du prince. Ce sont des fruits aux couleurs vives et chatoyantes qu'elle ne tarde pas à trouver et sur lesquels elle grave également ces scènes de vie dont tout l'objet est de rappeler au fils le souvenir de sa mère maintenant presque oubliée : la nourriture se fait ici médium de communication. L'histoire se finit bien. Le jeune prince contemple les superbes signes sculptés avec art, il comprend et se précipite aussitôt dans la cuisine où il retrouve la reine répudiée, obtenant dans la foulée qu'elle soit réintégrée à la cour.

L'art de sculpter les fruits, le *kae sa luk*, fait son apparition au XIVe siècle à la cour de Sukhothai. Vers l'an 1300, le premier royaume thaïlandais est l'épicentre du bouddhisme. De vastes temples sont édifiés aux quatre coins de ce royaume au paysage doucement vallonné, de filiformes tours en briques évoquant par leur forme des cloches que l'on aurait étirées se reflètent dans les eaux calmes à la surface desquelles flottent des fleurs de lotus de couleur rose. Les céramistes du jeune royaume ouvragent des récipients recouverts d'une glaçure reluisante de couleur vert jade et qui font l'admiration de tous. Une femme également fort habile de ses mains, une dame de cour du nom de Nang Nophamas, aurait dit-on inventé l'art de sculpter les fruits – une technique qui, encore aujourd'hui, fait partie intégrante de l'identité nationale thaïlandaise. Là encore, il est difficile de démêler l'historiographie des très rêveuses légendes. Il en existe deux : la première raconte une histoire qui se déroule sous le règne du roi Rama Khamhaeng, qui meurt toutefois dès l'an 1317. Lors d'un voyage en bateau, ce monarque observe comment ladite dame fabrique avec virtuosité une lanterne à partir de feuilles de bananier ouvragées avec un tel raffinement qu'elles en viennent à adopter la forme d'une fleur de lotus. Et la dame de poser au cœur de la fleur une bougie allumée et, à la pleine lune, de laisser cette lanterne s'en aller voguer sur les eaux. Cette scène émeut à tel point le roi qu'il fait de Nang Nophamas son épouse et déclare en outre jour férié bouddhique la nuit de pleine lune du douzième mois lunaire. (Depuis lors et jusqu'à nos jours, on célèbre en Thaïlande la fête des lumières, *loy krathong*, à l'occasion de laquelle, la nuit, de petits radeaux faits de feuilles de bananier, décorés de bougies, de bâtonnets d'encens, de fleurs et de feuilles, sont déposés sur les eaux. La colère et le ressentiment sont censés s'éloigner en même temps que les petites loupiotes.)

La seconde légende ayant trait à l'apparition du *kae sa luk* voit son action se dérouler un demi-siècle plus tard. Nang Nophamas est cette fois une dame de la cour du roi Phra Ruang, un monarque ultérieur de la même période Sukhotai. Là encore, *loy krathong* y est célébré mais cette fête est alors déjà entrée dans les mœurs. Si Nophamas y fabrique de nouveau avec grand art, à partir de feuilles de bananier, une petite embarcation évoquant une fleur de lotus, cette fois elle décore la lanterne flottante avec de merveilleuses petites sculptures taillées à partir de fruits et légumes. Le roi se montre si enchanté par la délicate œuvre d'art qu'il érige le *kae sa luk* au rang d'art de la cour, que toutes les dames de la noblesse se doivent d'apprendre.

On ne peut déterminer laquelle des deux légendes se rapproche le plus de la vérité historique. Mais il est évident que dans les deux histoires l'art de sculpter les fruits est fondamentalement un art royal qui, de surcroît, est directement associé à la vénération du Bouddha – en témoignent non seulement cette cérémonie bouddhique qu'est la fête des lanternes mais aussi le fait que Nang Nophamas confectionne dans les deux cas une fleur de lotus, la fleur du Bouddha. La fabrication de ces sculptures revêt également une dimension très profondément méditative : c'est au moyen d'un petit couteau à découper qui ressemble à une plume d'écriture pour le moins effilée que de très fins sillons sont tracés dans la chair du fruit, que des arrondis réguliers y sont opérés et des ondulations dessinées. Un ouvrage sans cesse repris à nouveaux frais. Les pastèques, avec leur teinte rose frais qui, extérieurement, passe au blanc et ensuite au vert, se prêtent tout particulièrement à cet art de la sculpture. En résultent des fleurs de lotus surdimensionnées ayant la finesse du papier, d'un rose prononcé et dont les bords de leurs feuilles brillent comme si elles étaient plongées dans du blanc laiteux. Les fleurs, dont la forme évoque celle du tourbillon, gagnent en épaisseur en leur milieu. Tandis que l'arôme douceâtre des pastèques se répand de façon toujours plus insistante, les fruits les plus proches sont travaillés. Jusqu'à donner par exemple des corbeilles de fruits dans lesquelles sont posées des sphères bariolées faites d'autres fruits. Des fleurs galbées de roses et de chrysanthèmes sont réalisées à partir de papayes. Les couteaux sculptent dans la peau ferme des potirons des feuilles tarabiscotées. C'est un jardin artificiel entier qui apparaît, créé de toutes pièces dans une sorte d'inversion, à partir des fruits naturels des arbres et de la terre.

La fabrication d'une décoration de table comestible confine à la pratique spirituelle. Une fois de plus, la nourriture en vient à revêtir une dimension symbolique, représentant en l'espèce la vénération religieuse. Mais ici elle représente aussi une démonstration de force à caractère séculier : durant des siècles, les œuvres d'art éphémères du *kae sa luk* sont exclusivement destinées à la table du roi (contrairement à aujourd'hui ; entre-temps, la sculpture sur fruits et légumes est devenue une discipline enseignée dans les écoles de cuisine et, dans la mesure où elle est devenue une composante esthétique centrale de la cuisine thaïlandaise, sert également à décorer les tables de la bourgeoisie). Bien souvent, les fruits sculptés ne sont pas même mangés, on se contente de les admirer. En cela, ils partagent beaucoup avec les plats qui, en Europe à peu près à la même époque, étaient seulement destinés à être savourés des yeux, une chose commune en ce temps-là. À l'évidence, l'élite de Sukhothai souhaitait voir sur ses tables bien plus que de « simples » plats savoureux. Plus on grimpait dans la hiérarchie sociale, plus les tables se montraient garnies, ici aussi, sans doute pour faire oublier que même un monarque n'est qu'un être vivant pourvu d'un appareil digestif chargé d'alimenter son organisme.

Ces composantes à vrai dire superflues que sont les aliments décoratifs, conférant seulement à la table sa beauté et son opulence, permettent de masquer cet aspect des choses. Grâce à elles, le souverain conserve son aura suprahumaine. Et pourtant, les fleurs sculptées dans les fruits et légumes donnent le sentiment d'être plus filiformes, plus délicates que les cygnes dorés et les têtes de sanglier coupées qui étaient déposés sur les tables princières d'Europe. Sans doute la simplicité est-elle un ornement bouddhique.

Vers 1500

Curry, Inde

Depuis des temps immémoriaux, ce cuisinier et mangeur qu'est l'homme rêve d'épices. Les Phéniciens, les Romains, les Grecs et les Chinois bravent dès l'Antiquité les tempêtes et les routes peu praticables des déserts, sur des bateaux et de très grincheux chameaux, et cela afin d'acheter du poivre, du gingembre et de la cannelle sur la côte de Malabar, en Inde – autant d'aromates qui seront ensuite marchandés au prix fort à leur retour. Les royaumes se font la guerre pour avoir la haute main sur le commerce des épices. Des explorateurs à la volonté d'airain s'apprêtent à ouvrir des voies maritimes nouvelles et plus rapides tout en vivant des expériences proprement incroyables. Christophe Colomb découvre par accident l'Amérique. Vasco de Gama vient à bout de la route maritime qui contourne le cap de Bonne-Espérance ; ce faisant, il prouve au monde que l'Atlantique est relié à l'océan Indien et fait ainsi un pied de nez inattendu au cartel des épices arabe. Fernand de Magellan fait pour la première fois le tour du monde (plus précisément le reste de sa flotte, Magellan lui-même étant tué en chemin sur une île philippine par les habitants de celle-ci, bien décidés à ne pas se convertir). Chacune de ces expéditions menées sous le signe des épices transforme de façon fondamentale le savoir humain sur notre monde.

L'attrait exercé par l'arôme de la cannelle et du curcuma, par le vif picotement du poivre est si grand que la profonde soif de découverte de nouveaux continents pousse l'homme à monter sur un navire et à affronter des océans entiers.

En Inde même, où l'on est particulièrement bien placé pour recourir aux épices, on cuisine depuis toujours à l'aide de nombreux aromates. Des textes sanskrits vieux de plus de trois mille ans attestent de l'utilisation du poivre et du curcuma et décrivent avant toute chose leur effet médicinal : on sait le pouvoir de guérison des aliments, partie intégrante de cette médecine traditionnelle qu'est l'Ayurveda. Le curry – un terme qui désigne d'abord simplement un complément épicé du riz –, un plat de légumes ou de viande fait d'une combinaison complexe d'épices et d'herbes et qui peut être comparé à une potée fortement épicée, est probablement cuisiné dès cette époque, au moins. Ce plat fait d'épices aux saveurs très diverses connaît toutefois son apogée plus tard, à l'époque des empereurs moghols musulmans, qui règnent sur l'Inde du XVIe au XIXe siècle. Les Moghols – une espèce de version indienne des Médicis – soutiennent les arts et la gastronomie. On s'émerveille du Taj Mahal et de ses façades de marbre dans lesquelles sont incrustées des pierres précieuses, qui flamboient et étincellent dans l'air brûlant et tremblotant. Des brigades de cuisiniers traversent le pays avec les armées impériales pour régaler les commandants de garnison. Dans les cours mogholes, des fêtes somptueuses sont organisées. On y sert sur des plateaux en or des mets odorants et aux couleurs flamboyantes. Les plats sont parsemés de très fines feuilles d'argent véritable, si légères que l'air chaud a vite fait de les emporter et de les faire ensuite retomber en miroitant sur la longue table. Et c'est ainsi que les plats de prédilection du souverain se diffusent dans chaque ville de garnison, si modeste soit-elle. Et parmi eux, précisément : le curry. Un plat protéiforme, dans des sauces épaisses, reluisantes, rayonnant de toutes les couleurs du lever du soleil. On trouve toujours en son centre une viande, du poisson ou des légumes, cuits dans un liquide velouté. Celui-ci peut contenir de la noix de coco, du yogourt, du bouillon, de l'eau ou de la crème. Mais l'important, ce sont les épices, pour lesquelles tant d'hommes ont perdu la vie. Dans le curry indien, on en trouve un nombre considérable, une vingtaine d'arômes différents n'étant pas chose rare. Le plus souvent figurent parmi eux : du clou de girofle, du poivre, de la cannelle, du gingembre, de la cardamome, des graines de coriandre, du cumin, du laurier et du fenugrec. Au final, chaque bouchée doit avoir en même temps un goût suave, un goût acide, un goût doux et un goût relevé. Les épices sont moulues, rissolées et en partie mélangées juste avant d'être cuisinées, tandis que d'autres ne sont qu'ajoutées séparément au curry en train de gargouiller doucement sur son feu. Chaque cuisinier joue là sa propre ligne mélodique. Un peu plus tard, on fait frire une nouvelle fois une poignée de nombreuses épices dans de l'huile chaude, que l'on verse ensuite sur le plat pour le relever encore plus.

Et puis vient le moment d'y goûter et, il faut bien le dire, comme très souvent avec la cuisine indienne, ça chauffe, et même drôlement, pour une langue occidentale qui devra sortir prendre l'air tandis que des larmes nous viendront aux yeux. De fait, le curry indien est avant tout pour le moins piquant, on le relève le plus souvent avec du gingembre et du poivre jusqu'à ce que Colomb découvre l'Amérique et, avec elle, le piment rouge. Ce moment historique marque un tournant pour la saveur de la nourriture indienne mais aussi pour celles d'Asie du Sud et d'Afrique. C'est que les Portugais apportent avec eux cette plante au goût plus puissant que toutes les autres : en Afrique, au Proche-Orient, en Thaïlande, au Japon – et en Inde, où l'on a une forte prédilection pour le Bhut Jolokia, un piment particulièrement fort. Si, à partir du XVIe siècle, les currys gagnent ainsi en force, leur intensité varie selon le lieu. L'Inde se convertit au goût très épicé à l'époque où s'accomplit lentement en Europe un autre changement de paradigme : on y tourne le dos à une cuisine particulièrement relevée au profit de saveurs plus douces, de plats plus crémeux où le beurre domine. Ce contraste entre une cuisine peu épicée et une autre très relevée, qui se manifeste alors, demeure encore aujourd'hui.

Pourquoi au juste mange-t-on si volontiers des plats si épicés dans des pays chauds comme l'Inde ou la Thaïlande ? Il existe à ce sujet quelques théories. La thèse selon laquelle une nourriture extrêmement relevée endurcirait d'une manière ou d'une autre l'organisme et le rendrait mieux résistant à la chaleur peut probablement être réfutée empiriquement sans trop de difficultés, par exemple par toute personne dont le palais a pris feu alors qu'elle se trouvait dans une gargote pleine à craquer, sur un trottoir brûlant et poussiéreux de Bangkok. En règle générale, on suppose que le piment rouge permet d'éliminer les bactéries dangereuses possiblement présentes dans la nourriture et qu'il a donc des vertus désinfectantes. Certes, les piments rouges contiennent effectivement une substance antibactérienne mais, comme l'ont démontré des études scientifiques, il s'agit plutôt d'un effet secondaire heureux : il ne faudrait donc pas y voir la raison de l'engouement montré dans certains pays pour les saveurs très épicées. Il n'est peut-être pas nécessaire de se demander en guise de conclusion pourquoi la nourriture épicée est plus appréciée dans de nombreuses régions du monde que dans d'autres. Seule la chose suivante est certaine : à l'époque où de nouveaux mondes sont découverts et où des voies maritimes jusque-là insoupçonnées sont ouvertes, les goûts, les cultures et les produits les plus différents entrent en contact les uns avec les autres l'espace d'un moment avant, pour beaucoup, de se séparer de nouveau. Mais c'est précisément à ce moment-là qu'il fait irruption dans le monde, ce curry aux couleurs si vives et éclatantes, si relevé qu'il met le feu au palais, porté comme il l'est par le son mélodieux des épices.

Vers 1550

Douze onces d'aliments solides, quatorze onces de vin, Italie

C'est dans le premier livre de ses *Discorsi intorno della vita sobria*, ses *Discours sur la vie sobre*, dont il débute l'écriture aux alentours de 1550, qu'Alvise Cornaro annonce avoir décidé d'écrire au sujet de ce vice qu'est l'excès de table et d'alcool. Cornaro, né à Venise au cours de la seconde moitié du XVe siècle, y jette un regard rétrospectif sur son existence jusque-là – plusieurs vies, en fait. Parent éloigné de l'une des familles les plus fortunées de la cité lacustre, il mène dans un premier temps une vie tournée vers les plaisirs. Jusqu'à ses presque 40 ans, on le croise immanquablement, en bon hédoniste de la Renaissance, à chaque fête qui est organisée dans la ville, où il s'adonne sans retenue à tous les plaisirs. Son surpoids finit par devenir si problématique – il souffre alors de la goutte et probablement d'un diabète – que les médecins ne lui donnent plus beaucoup de temps. Une seule chose, à ce moment-là, pouvait encore le sauver : un régime draconien. Et c'est ainsi que débute la seconde vie de Cornaro, qui devient dès lors un défenseur acharné de la « force de la modération ». Jusqu'à la fin de sa vie, son alimentation quotidienne se résumera dès lors à moins de 400 grammes d'aliments solides, simples (œuf, pain ou soupe) et deux verres de vin rouge au maximum. Ce faisant, il mènera une existence saine et inhabituellement longue pour son temps (certaines sources supposent qu'il devint centenaire, mais d'autres parlent plutôt de huit bonnes décennies de vie). Son traité devient un best-seller de l'*anti-aging*, traduit dans de nombreuses langues, et qui sera lu bien volontiers jusqu'au XIXe siècle. Il est, si l'on veut, le tout premier diététicien.

Dès l'Antiquité grecque, on sait que l'alimentation et la santé doivent être envisagées en lien direct, et que la nourriture peut avoir un pouvoir curatif. Le terme même de « diète » vient de ce savoir-là, à l'origine il est synonyme de « mode de vie » et désigne un rapport équilibré de l'organisme et de la nourriture. Depuis Cornaro, ce terme a changé progressivement de signification : lorsqu'on parle aujourd'hui de diète, on parle de régime, au sens de régime alimentaire diminué – cela depuis à peu près la fin du XIXe siècle, et d'ailleurs le plus souvent moins pour des raisons de santé que pour des raisons esthétiques. « Le corps humain est un phénomène de part en part social », écrit Robert Gugutzer. « L'usage que les hommes font toujours de leurs corps, leur rapport au corps et le savoir qu'ils en ont sont profondément marqués par la culture, la société et l'époque où se constatent ces pratiques corporelles, ces représentations du corps et ces manières de les évaluer[1]. » Jusqu'au tournant du siècle, le corps qui se prive volontairement de nourriture est, en tant qu'idéal esthétique dicté par la société, un phénomène tout à fait marginal. Peut-être parce que l'homme, jusqu'alors, a toujours et encore été confronté, partout dans le monde, à des famines. La diète telle qu'on l'entend aujourd'hui, autrement dit le régime, est tout simplement un phénomène intrinsèque à la société de la prospérité. Seul celui ou celle qui peut compter à tout moment sur un garde-manger bien rempli se prive volontairement de nourriture. Les hommes, jusqu'alors, devaient montrer une constitution athlétique ou imposante. Les femmes, elles, devaient plutôt se montrer bien en chair, sauf à la taille comme le voulait la mode de l'époque. Mais pour cela, nul besoin d'un régime zéro calorie : un corset suffisait.

Les premiers cas extrêmes sont bien connus : le poète Lord Byron consigne dans ses journaux ses tentatives réitérées en permanence de perdre du poids, quasi au gramme près. Nous apprenons en le lisant qu'il ne mangeait pas plus de deux petites biscottes par jour, et qu'il se contentait d'une tasse de thé quotidienne – ne buvant le reste de la journée que du vinaigre de cidre afin de calmer la faim, ajoutant à cela des laxatifs et des bains douloureusement brûlants. L'impératrice autrichienne Elisabeth, bien connue sous le nom de Sissi, luttait elle aussi avec opiniâtreté pour rester la « plus belle » femme de son temps, en refusant de s'alimenter et en faisant du sport à l'excès. (Notons du reste que la beauté, jusqu'alors, n'était absolument pas une affaire féminine ; dans l'Antiquité, c'est le corps masculin qui incarne la beauté et, jusqu'au début du XVIIIe siècle, la thématique de la beauté est plutôt l'apanage de l'élite, elle trouve expression dans une mode toujours plus coûteuse, que portent les deux sexes.)

Lord Byron et l'impératrice Sissi montrent tous les signes d'une pathologie qui n'a pas cessé jusqu'aujourd'hui de se propager dans notre société. « Je ne mange pas de soupe ! Non ! / Je ne mange pas ma soupe ! Non, ma soupe, j'la mange pas ! » s'écrie Kaspar-mange-ta-soupe dans le *Struwwelpeter* de 1844, un ouvrage dont toute la « philosophie » est celle de la pédagogie noire*. Ce conte pour enfants dont le jeune protagoniste refuse soudain d'avaler quoi que ce soit et devient dès lors toujours plus maigre

* L'un des premiers classiques de la littérature enfantine écrit par le psychiatre et écrivain allemand Heinrich Hoffmann (1809-1894). Traduit en français sous le titre *Crasse-Tignasse* ou *Pierre l'ébouriffé*. Quant à la pédagogie noire, elle se fonde sur l'idée que l'enfant est un être par nature mauvais, qu'il s'agit dès lors de soumettre au moyen de diverses méthodes coercitives. (*N.d.T.*)

et filiforme se termine à l'avenant : « Enfin, le quatrième jour / Kaspar ne ressemblait plus qu'à un très mince fil. / Ne pesant peut-être que la moitié d'un fil à plomb. – / Et le cinquième jour il était mort[2]. » Ce texte met certes en scène un enfant refusant de s'alimenter et montrant en cela une rage incroyable – et incompréhensible pour tout adulte qui, en ce temps-là, craignait encore les famines. Mais on peut aussi lire l'histoire de Kaspar-mange-ta-soupe comme l'un des tout premiers cas d'étude d'une maladie alors encore naissante. Son auteur, Heinrich Hoffmann, est d'ailleurs également médecin et psychiatre. L'impossibilité pathologique de s'alimenter se voit donner un nom en 1870 : *anorexia nervosa*. Le nombre de personnes touchées par cette maladie, qui ne s'alimentent pas pour des raisons qui ne sont ni politiques ni matérielles mais parce qu'elles se montrent obsédées par leur poids, n'a pas cessé d'augmenter jusqu'aujourd'hui. La nécessité de manger pour survivre est pour ces personnes un motif de terreur constant. L'aliment lui-même devient l'ennemi, et le corps un champ de bataille dont il s'agit de contrôler quotidiennement tous les fronts en portant sur lui un regard impitoyable.

Vers 1900, les habits sont désormais coupés selon des tailles, les corps sont pour cela mesurés et des normes sont établies. De surcroît, il est désormais possible, lorsqu'on se lance dans un régime, de se fixer des objectifs parfaitement clairs : on décide de gagner deux tailles par exemple, on se fixe pour objectif d'entrer au final dans un pantalon taille 38, de passer du XL au M, et ainsi de suite. L'effort fourni en ce sens peut donc être chiffré. Et c'est ainsi qu'on se met au XXe siècle à surenchérir en la matière. Années de guerre mises à part, des moyens censés faire perdre du poids plus déments les uns que les autres se mettent véritablement à proliférer : savons amincissants, électrochocs, ceintures vibrantes, vers solitaires, pilules amincissantes aux dangereux effets secondaires, eaux de parfum comprenant de l'arsenic ou de la strychnine... Et bien sûr de toujours nouvelles instructions et directives sur ce qu'il faudrait manger et en quelles quantités. Comparée à la plupart de ces propositions, la vie sobre prônée par Cornaro donne le sentiment d'être parfaitement rationnelle. Du moins son régime nous autorise-t-il à boire chaque jour un demi-litre de vin rouge.

Vers 1560

Faux rôtis de chevreuil, Saint Empire romain germanique

« Le castor est un animal / semblable au chien de mer [...] Il a la queue faite pour aller dans l'eau / Il est à moitié viande / Et à moitié poisson, côté queue. [...] La nature lui en a donné une telle / qu'il évolue dans l'eau comme un poisson[1]. » C'est ainsi que l'auteur de *Koch vnd Kellermeisterey* (*Cuisinier et caviste*), un ouvrage publié pour la première fois en 1559, explique pourquoi le castor devrait être compté au nombre des poissons. Une explication absolument convaincante et irrécusable du point de vue scientifique... Il est vrai que cet animal qui vit dans l'eau et dont la moitié du corps, en l'occurrence la queue, semble écaillée, nage même comme un poisson ; un état de fait qui ne saurait donc être contesté, et qui durant tout le Moyen Âge tardif est même considéré comme connu de tous, et ce jusqu'au début des temps modernes. La raison de cela ? Une pure et simple envie de viande.

Le rapport de l'homme chrétien médiéval à la nourriture n'est pas seulement marqué par les famines et de sporadiques bombances. Il est aussi l'objet de nombreux interdits et de règles très contraignantes, car il s'agit de jeûner un tiers de l'année environ. Tout au long du carême, cette période de quarante jours qui précède Pâques, mais aussi les vendredis, les samedis, les veilles de fêtes religieuses importantes, ainsi que tout au long des trois jours qui précèdent l'ascension du Christ ; enfin, tous les trois mois, le mercredi, il est interdit de consommer de la viande, les œufs et les produits laitiers étant eux aussi prohibés. En revanche, le poisson, les céréales, les légumes et les fruits sont autorisés. Dans la mesure où, à l'origine, il s'agissait de se remémorer ces journées très particulières au cours desquelles Jésus avait jeûné dans le désert, la signification du jeûne était profondément religieuse. Mais, au fil des siècles, cette pratique se dégrade, ne se résumant plus qu'à une simple succession de rituels vides de sens, sclérosés, que l'on n'accomplit plus que par habitude et par peur d'être châtié, sans montrer le moindre intérêt pour leur signification. Tout cela conduit à de nouvelles interprétations théologiques d'une créativité surprenante, qui puisent dans le grand répertoire de l'art de se duper soi-même.

Les maîtres véritables de la réinterprétation plus qu'intéressée et de la déformation de passages de la Bible sont souvent les ecclésiastiques eux-mêmes. Dans un premier temps, on se demandera, sur le mode du questionnement philosophique, ce qu'est au juste un poisson. On sait que le cinquième jour de la Création, par exemple, Dieu a créé les animaux marins et l'air. Il est donc possible d'avancer en toute bonne conscience que les poissons et les oiseaux, dans la mesure où ils sont apparus quasi en même temps, relèvent de la même espèce, et que plus rien ne s'oppose donc à un bon poulet rôti. Le concile de Constance décrète de surcroît au début du XVe siècle que tout ce qui vit dans l'eau doit quoi qu'il en soit être compté au nombre des poissons. Le castor cité plus haut, mais aussi la loutre, les écrevisses, les grenouilles, les coquillages ainsi que les oiseaux de mer (que l'on peut même maintenant ranger dans la catégorie des poissons pour deux raisons) voient en conséquence leur consommation autorisée durant le jeûne. Les cuisines des monastères laissent échapper des fumets particulièrement riches de promesses : quenelles de foie de castor, cormoran grillé ou loutre mijotant dans du vin de Bourgogne intègrent les listes des aliments autorisés, et avec eux les saucisses et gelées de crustacés. Mais des rumeurs circulent selon lesquelles ces mets succulents ne suffiraient point à de nombreux moines : on s'efforcerait semble-t-il d'étendre plus encore la notion de créature aquatique. On parle ainsi de cochons poussés dans des fleuves ou noyés dans des puits, et cela afin de pouvoir leur conférer un tel statut. Et on se raconte l'histoire d'un abbé qui, en face d'un rôti de cochon de lait à l'odeur délicieuse, l'aurait signé afin de conférer sur-le-champ au cochonnet le statut de poisson : « *Baptisto te carpem* », je te baptise carpe.

Au-delà de ces ergoteries sémantiques, les cuisiniers ne sont pas peu nombreux à s'adonner sans scrupules à des pratiques relevant clairement de l'escroquerie. Ils hachent la viande et la dissimulent sous le regard sévère de Dieu au cœur de vol-au-vent faits maison couleur brun doré ou dans des boulettes joliment roulées. Et il y a encore les maîtres de cuisine honnêtes qui, confrontés au nombre limité des ingrédients, font preuve d'une virtuosité toujours plus grande, à l'origine de plats véritablement exquis. Dans le *Koch vnd Kellermeisterey*, on trouve par exemple une recette de brochet qu'il s'agit de couper en quatre parts : la première est cuite sur un gril, la deuxième mise à bouillir dans du « Wein vnd Würtz », un vin aromatisé, la troisième est farcie, et enfin la quatrième, la queue, doit être mise à frire. L'animal est ensuite reconstitué entièrement et servi à table. Envisagé rétrospectivement, ce poisson en quatre parts semble déjà préfigurer, de façon étrangement prophétique, la cuisine étoilée d'aujourd'hui, dont les représentants mettent un point d'honneur à tirer comme par enchantement d'un produit plusieurs consistances différentes et à les agencer ensemble sur une assiette, dans des variations presque infinies.

Mais le sac à malices de la cuisine de carême réserve encore une surprise : on peut déclarer que la viande est poisson, on peut dissimuler la viande – et on peut naturellement aussi la simuler sous la forme de plats l'imitant carrément, ressemblant par exemple à s'y méprendre à un bon vieux rôti de chevreuil. Selon le *Kellermeisterey*, il s'agit, lorsqu'on souhaite atteindre un tel résultat, de procéder ainsi : on fait mariner dans du bon vin des figues et des grains de raisin, puis on les hache et on les mélange à de la farine, du sel et des herbes. On pétrit ensuite le tout à mains nues – et humides – et on l'embroche avant de faire cuire le faux rôti au-dessus d'un feu. Il s'agit ensuite de le découper avec soin et de présenter joliment les tranches sur un plat. Des amandes y sont saupoudrées, mais aussi, et à discrétion, du sucre ou du gingembre frais ; on arrosera en outre le « rôti » de beurre. Ce dernier n'est chose envisageable qu'à la condition de vivre dans une paroisse ayant reçu de Rome une « lettre sur le beurre », qui autorise son utilisation durant le carême. Mais pour bénéficier d'une telle autorisation, en principe, il faut manquer d'huile d'olive, pour des raisons géographiques.

Le faux gibier fond dans la bouche, sa saveur est à la fois sucrée, épicée et âpre : épicer un plat jusqu'à le rendre méconnaissable relève toujours de la pratique courante. Plus le foyer est aisé, plus les épices utilisées sont exotiques – et donc chères – et disponibles en quantité. Elles sont pour l'hôte un moyen de faire étalage de sa fortune. Et les invités, haletant et les larmes aux yeux, bastonnés véritablement par cette massue d'arômes – figues, gingembre, poivre et clou de girofle –, de dresser l'éloge de la très âcre et forte saveur épicée tout en s'essuyant les yeux : *Voilà qui a le goût de la viande, que le Seigneur en soit loué, amen !*

Vers 1584

Bortsch, République des Deux Nations

Il doit avoir un goût acide, sucré, salé et un peu épicé. Il doit avoir quelque chose de terreux. De la crème fraîche et de l'aneth peuvent au final lui donner une plaisante fraîcheur. Les légumes et la viande sont mélangés dans la casserole, et si densément que la cuillère en bois doit pouvoir, dès qu'on l'y plonge, rester plantée à la verticale dans le mélange en train de mijoter. Le bortsch est une créature multiforme. Il en existe d'innombrables recettes mais aucune prétendant au définitif. On le prépare donc comme le préparait grand-mère qui, elle-même, reproduisait les méthodes de sa propre grand-mère. Tout bortsch qui se respecte s'inscrit dans une tradition familiale, ses ingrédients bouillonnants témoignant des histoires, des lieux de vie et des destins des générations qui se sont succédé au fil du temps. Son arôme familier fait remonter massivement tous ces souvenirs familiaux. Dans le sud-ouest de l'Ukraine, le troisième jour qui suit les noces est appelé *do nevistky na borshch*, « Les belles filles viennent manger un bortsch ». La vie commence et finit avec la potée (qui est parfois aussi une soupe) ; elle sera souvent servie pour un repas d'enterrement. Le bortsch est cuisiné dans la plupart des pays slaves mais, comme on va le voir très vite, l'Ukraine entretient avec lui un rapport tout particulier. Les ingrédients de base auxquels on a recours en Ukraine – qui sont ensuite mélangés et préparés de façon toujours différente, de façon kaléidoscopique – sont dans tous les cas : du bouillon, de la betterave rouge, des carottes, du chou blanc, des oignons, des pommes de terre et de la viande de porc – ou alors du bœuf ou du poulet, en fonction de la région.

Le bortsch vient probablement d'Ukraine. Dès 1854, le commerçant allemand Martin Gruneweg note dans son journal, à l'occasion d'un déplacement à Kiev – qui, à cette époque, fait partie de la République des Deux Nations –, que les Ruthènes cuisinent tous leurs propres bortschs et se nourriraient dans tous les cas presque exclusivement de ce plat. Un ingrédient fondamental est avant tout utilisé pour le bortsch : l'acanthe, une herbe proliférante dont on fait fermenter les tiges et les feuilles une semaine durant. On utilise le liquide fermenté pour cuisiner, il a un fort goût acide et dégage une odeur âcre. Cette note acide, fondamentale, qui caractérise ce plat nous ramène une nouvelle fois au Moyen Âge, à la Rus' de Kiev, ou principauté de Kiev, où il faut semble-t-il trouver l'origine véritable du bortsch. Une source du XIIe siècle y mentionne également l'acanthe fermentée. La betterave rouge à laquelle le plat est aujourd'hui associé n'apparaît que plus tard dans ces régions de l'Est, elle y est importée d'Italie ; avec elle, on passe dès lors d'un potage vert à un potage rouge. Mais il reste ce plat simple dans lequel on met ce que donnent la terre et la nature.

Le potage acide est cuisiné des siècles durant dans toute l'Europe de l'Est, dans ses très diverses variantes. Et puis vient l'Union soviétique. Beaucoup avancent que la longue période de dictature communiste aurait au moins eu le mérite d'éviter à la cuisine slave d'être édulcorée par de quelconques modes occidentales : ses traditions culinaires auraient été préservées. D'autres sont d'avis que l'Union soviétique a étouffé toute espèce d'individualité telle une sphère en verre hermétiquement close, que la cuisine y a été sept décennies durant grise et uniforme, et que le conformisme soviétique s'est échiné à réprimer toute saveur sortant de la norme, toute saveur fuyant la discipline. Lorsque l'Union soviétique s'effondre, ses anciennes républiques désormais indépendantes se lancent dans des quêtes identitaires. Le bortsch est un bien commun, qui appartient à tout le monde, chacun le préparant à sa manière, tout à fait unique. Tout le monde s'identifie au bortsch. Et peut-être cet aspect-là, tout à fait essentiel, explique-t-il le fait que le bortsch, trois décennies plus tard, se retrouve au cœur d'une violence insensée.

En 2019, le ministère des Affaires étrangères russe déclare officiellement que le bortsch est le plat national de la Russie, un symbole de sa cuisine nationale. En Ukraine, on réagit à cette déclaration avec effarement et fureur. Elle y est perçue comme un énième acte d'appropriation d'un voisin bien décidé à ne pas reconnaître que l'Ukraine est une nation souveraine. S'accaparer le bortsch, si étroitement associé à la patrie, à la famille, à l'enfance, semble dès lors relever aux yeux de beaucoup de la malveillance pure. « Le bortsch n'est pas simplement un plat mais quelque chose qui fait de nous des Ukrainiens, à l'instar de la langue que nous parlons », affirme le cuisinier ukrainien Jewhen Klopotenko. Et de poursuivre ainsi : « On a beaucoup enlevé à l'Ukraine. Mais ils ne prendront pas notre bortsch[1]. » Klopotenko est le fondateur d'une ONG, l'Institut pour la culture ukrainienne, entièrement dédiée au bortsch. Elle travaille à l'organisation de « master classes », de festivals et d'une journée nationale du bortsch. Elle souhaite même concevoir des émojis-bortsch afin que ce plat, ainsi symbolisé par un signe communicationnel, intègre immédiatement notre langage numérique de tous les jours. Le potage devient en définitive un vecteur de résistance civile : Klopotenko est aussi à l'origine d'une initiative bien plus importante encore. L'Ukraine a en effet officiellement demandé à l'Unesco de reconnaître le bortsch comme un plat relevant du patrimoine culturel ukrainien et du patrimoine culturel immatériel mondial.

Et puis arrive le mois de février 2022. La Russie envahit l'Ukraine. C'est la guerre. En avril, la porte-parole du ministère russe des Affaires étrangères, Marija Sacharowa, fait une étrange déclaration devant les caméras. Elle soutient que les Ukrainiens auraient interdit les livres de cuisine russes, au motif qu'ils refuseraient de partager le bortsch. « Nous parlons de cela en permanence. De la xénophobie, du nazisme, de l'extrémisme sous toutes ses formes[2] », déclare-t-elle ce jour-là en guise d'étonnant bilan général. La nourriture devient moyen de propagande. À suivre la logique grotesque de Sacharowa, on en conclura que c'est le farouche attachement des très récalcitrants Ukrainiens à leur plat national qui aura été à l'origine de l'agression russe contre l'Ukraine condamnée dans le monde entier.

Dans les guerres les symboles sont choses essentielles. Au mois de juillet 2022, l'Unesco en a brandi un. Elle a déclaré que le bortsch ukrainien relève bien du patrimoine mondial immatériel ; plus encore, elle a inscrit la culture de la préparation du bortsch ukrainien sur la liste du patrimoine culturel immatériel nécessitant une procédure de protection accélérée. Car, comme l'a annoncé l'Unesco, les dépositaires de cette culture seraient depuis le début de la guerre menacés d'être chassés de leurs régions natales et de leur environnement culturel. De surcroît, comme le souligne cette organisation, « la destruction de l'environnement et de l'économie agricole traditionnelle des régions concernées empêcherait tout accès aux produits locaux, tels les légumes, nécessaires à la préparation de ce plat[3] ».

« Protéger nos plats, c'est aussi protéger notre identité », déclare le cuisinier Klopotenko. « Le bortsch est notre identité[4]. » Le bortsch ne décidera certes pas de l'issue de la guerre. Mais la bataille autour du bortsch est gagnée.

Vers 1650

Cygne rôti, Europe

Le jardin baroque d'une maison princière européenne. Les parterres aux agencements géométriques, des plates-bandes rouge vif. Un carrosse tiré par quatre destriers blancs se trouve comme en suspens entre plusieurs fontaines aux majestueux jets d'eau. La scène entière est figée, comme gelée dans l'instant. Les parterres, les chevaux, les fontaines et les fleurs scintillent de manière irréelle dans la lumière des chandelles : tout ici est en sucre.

Et voilà que les invités se dirigent déjà vers les tables qui les attendent. Sitôt attablés, les pièces de choix leur sont servies avec solennité : il s'agit d'oiseaux, et pas d'oisillons, et au grand complet : avec plumes, tête et ailes. Eux aussi sont figés, mais ils ne sont pas en sucre. Tout d'abord, une pintade, dont le plumage à pois a été rehaussé à la feuille d'or. Elle se trouve dans un panier en pâte, à côté d'un paon dont le bec et les orbites ont été aspergés d'or. Ses ailes et sa traîne chatoyante sont dressées. Et voilà qu'est également servi – sous les acclamations enthousiastes des convives – un cygne blanc comme la neige. Ses ailes sont elles aussi relevées et il arbore un bec scintillant d'or. Plusieurs colliers précieux entourent son long cou recourbé.

On a retiré au cygne sa peau et son plumage, sa chair a été mise à rôtir. Rendu parfaitement comestible, il a été ensuite recomposé et il s'est vu redonner son enveloppe extérieure entière. Une trame de fils métalliques, comme on en voit par exemple une dans le *Nouveau livre de cuisine de Salzbourg* (*Neuen Salzburgischen Kochbuch*) de 1719, permet de redonner au cou et aux ailes les formes qui étaient les leurs. Et peut-être – nous avons vu que tel était déjà le cas dans l'Antiquité – quelques vol-au-vent sont-ils ensuite servis, d'où s'échappent en voletant des oisillons bien vivants. On dit que des chiots en sortaient de temps à autre en jappant – et même, un jour, un nain. C'est fonction de l'hôte et de son sens de l'humour.

À l'âge baroque européen, période où l'on théâtralise l'opulence, on sert volontiers à la cour lesdits « *Schaugerichte* », ces plats destinés à être savourés des yeux. Ces survivances du Moyen Âge sont le plus souvent apportées sur table en guise d'entremets – et, en ce temps-là, on procède de même sur les tréteaux des théâtres, où l'on mise sur des changements de décors rapides et les effets de scène. La table à manger devient ainsi une véritable scène de théâtre, et les plats de la pitance pour les yeux : « De tels plats sont appelés de parade / lesquels sont faits de mains d'homme / à contempler de préférence, on peut aussi les savourer : ce sont les yeux qu'ils régalent en premier lieu / le palais ensuite / et on les pose le plus souvent sur table / quand on s'est repu d'autres aliments », explique le poète Georg Philipp Harsdörffer dans son *Neuen Trenchir-Büchlein* de 1657[1]. Pourquoi le cygne rôti, par exemple, n'est-il pas forcément mangé sitôt les convives attablés, à ce moment du repas où l'on est encore affamé et où l'on se réjouit à l'idée des plaisirs culinaires à venir ? Cette question se voit apporter une réponse évidente dès que le fier oiseau est libéré de son enveloppe extérieure et découpé. En fait, sa chair est dure et fade, son goût insignifiant. Même des épices fortes ne peuvent rien contre le sentiment morose qu'il inspire, celui de mastiquer une vieille viande fatiguée.

Quant aux jardins et édifices en sucre que l'on consomme plus tard en guise de dessert, leur goût n'est pas très raffiné en vérité, il est même franchement rudimentaire et il est fort possible qu'on n'en tire plaisir qu'à la condition de se persuader de sucer en cet instant une œuvre d'art laborieusement créée. Harsdörffer nous apprend en outre qu'on fabrique à cette époque des « images en beurre », reconnaissant toutefois volontiers qu'elles ne tardent jamais à dégager une mauvaise odeur et qu'elles « empestent » même franchement (autant dire qu'elles « puent la graisse rance ») ; et qu'en outre, bien sûr, les sculptures taillées dans de la graisse menacent toujours de fondre à grande vitesse.

Au XVIIe siècle, les us et coutumes de table gagnent en sophistication – une évolution qui s'accompagne d'une autre : les ustensiles de cuisine et les couverts de table sont de plus en plus manufacturés, puisqu'il s'agit de mettre en scène cette culture de la table raffinée. Les nappes, les couverts toujours changeants et les serviettes envahissent les tables – les serviettes étant artistement plissées, jusqu'à adopter la forme d'oiseaux, de poissons et de constructions, tandis que l'on peut draper les nappes, et parfois même leur conférer la forme de vagues et de tourbillons, jusqu'à les faire ressembler à un paysage montagneux ou à un océan textile. Les verres fins, les coupes, les assiettes et les plats en or brillent et scintillent comme autant d'objets précieux sur ces *tablescapes*, ces tables qui ont tout de paysages, tandis que de lourds plateaux surélevés offrent leurs contenus aux regards entre les fontaines de table à l'eau parfumée. Les plats de parade sont ici, sur ces tables devenues de véritables scènes, un moyen supplémentaire de faire étalage de sa fortune, ils doivent provoquer à leur seule vue des réactions faites de stupéfaction et d'excitation – comme leur nom même le laisse déjà entendre. De la même façon que pour les trompe-l'œil des natures mortes baroques, qui stupéfient par la virtuosité de leur conception, il est ici moins question de la saveur que de l'expérience visuelle proprement époustouflante qu'est censée réserver la contemplation de ces plats, de ces becs passés à l'or fin, de ces plumes éclatantes, de ces ailes spectaculairement déployées et de ces cous de cygne joliment parés. C'est probablement pourquoi, lors de tels banquets au luxe ostentatoire, on s'accommode aussi bien de la relative fadeur des plats « normaux » qui, bien évidemment, sont eux aussi préparés avec le plus grand soin. En raison des risques élevés d'incendie, les cuisines sont toujours éloignées des salles à manger, il faut donc porter péniblement les plats tout juste sortis des fours à travers des enfilades de pièces surdimensionnées. Et bien que l'on trouve dans de nombreux châteaux des fours permettant de réchauffer les plats tout au long du parcours entre les cuisines et la salle à manger, la nourriture y est en règle générale servie fort tiède et le plus souvent même plutôt froide. Là encore, l'important n'est pas tant de servir des plats savoureux et cuisinés avec art que de nombreuses pièces montées qui « en imposent ».

En l'an 1761, le plat de parade préparé à partir d'ingrédients comestibles connaît une fin abrupte : l'impératrice Maria Theresia interdit cette coutume désormais jugée dispendieuse. Les cygnes, les têtes de sanglier et les paons continuent d'être posés sur table, mais désormais sous la forme de faïences délicatement ouvragées. On trouve à leur côté des têtes de chou frisé et de chou rouge stupéfiantes de réalisme, dont les couleurs et les surfaces aux très fines structures sont parfois même en porcelaine très délicate, ou encore des dindonneaux et des poissons joliment pelotonnés. Ces artefacts qu'on pourrait presque manger tant ils font illusion se révèlent être des terrines creuses dans lesquelles se dissimulent maintenant de délicieux pâtés ou de suaves surprises. Les yeux ne sont plus seuls à savourer, le goût fait son grand retour.

1651

Sauce, France

C'est le beurre qui a tout changé. En l'an 1651 paraît un livre de cuisine qui fera date : *Le Cuisinier françois*. Son auteur est François Pierre de la Varenne, qui est considéré jusqu'aujourd'hui comme l'un des cuisiniers les plus marquants de l'histoire de France. L'ouvrage considère comme chose acquise le changement de goût radical qui se produit alors dans l'espace européen. Ce changement peut être résumé en un seul mot : la sauce. Une sauce au beurre, épaisse et liée.

Jusqu'à cette époque, les sauces ne jouaient pas un grand rôle. Et lorsqu'on avait recours à elles, elles étaient en règle générale salées ou acides. Elles étaient en outre plutôt maigres, sans épaisseur, semblables à de l'eau. Dans l'Antiquité par exemple, c'est dans pratiquement chaque plat qu'on versait goutte à goutte une sauce de poisson extrêmement salée, afin de les relever, alors même qu'ils étaient en règle générale déjà épicés à l'extrême, et bien volontiers au moyen de feuilles amères et âcres. Au Moyen Âge, on aime lier de temps à autre des sauces, mais avec des miettes de pain, des noix, du foie ou du sang. Autrement, les sauces sont faites à cette époque d'ingrédients acides, liquides, comme le vin, le vinaigre et le jus d'agrume ou de raisin vert, le tout étant là encore fortement relevé.

Jusqu'à ce changement de paradigme culinaire intervenu au XVIe siècle, la cuisine aromatisée est l'incarnation même de la cuisine de qualité, notamment parce que les épices sont des denrées précieuses. De grands explorateurs, comme Fernand de Magellan, perdent encore la vie en leur nom, parce qu'il s'agit de se procurer plus rapidement des épices en quantités toujours plus importantes. C'est que le goût des Européens fortunés pour le gingembre, la cannelle, la muscade et tous les autres aromates à la saveur et à l'odeur intenses faiblit subitement – maintenant que ces produits cessent d'être leur apanage.

Mais l'invention de la sauce est avant tout un triomphe du beurre. À partir des XIVe et XVe siècles, celui-ci devient en effet de plus en plus accessible, l'élevage bovin étant toujours plus pratiqué. Une fois qu'il a fondu dans la bouche, on ne peut plus s'en passer : le goût pour le beurre se répand telle une lave grésillante, chaude et à l'odeur épaisse. De fait, parce que la demande en beurre ne cesse d'augmenter, l'élevage d'animaux donneurs de lait gagne toujours plus en proportions. Jean-Louis Flandrin écrit ceci : « Je ne vois pas en l'état actuel des recherches, de transformations démographiques, économiques ou techniques qui puissent expliquer cette révolution culinaire : c'est au niveau du désir qu'elle nous apparaît et non pas au niveau des contraintes matérielles[1]. » Le beurre est bon, tout simplement. La dimension du désir et du plaisir pris à le savourer est tout ce qui importe.

C'est à partir du beurre et parce qu'il constate un désir grandissant de graisses que La Varenne, et d'autres cuisiniers de son espèce, travaille à l'élaboration de sauces entièrement nouvelles – celles-là mêmes qui se préparent encore aujourd'hui dans les cuisines de la bonne bourgeoisie. Le roux est ce tour de magie au moyen duquel La Varenne n'a pas son pareil pour concocter des textures épaisses, soyeuses. Cette forme jusqu'alors inconnue de liaison donne du corps à la sauce maigre et claire, sans pour autant lui faire perdre sa liquidité. Ainsi, par exemple, de la sauce béchamel : une fois dans la casserole, le beurre se met à fondre et devient chaud. Tout en ne cessant pas de remuer, on verse dedans de la farine, les deux s'associant jusqu'à former un mélange velouté et clair. Auquel on ajoute maintenant du lait, tout en continuant de remuer, et c'est une sauce presque blanche qui prend alors consistance, une sauce épaisse et dense, à l'arôme et au goût tout à fait subtils. Elle n'est pas corsée mais a le goût des produits dont elle est faite.

Car c'est là un aspect supplémentaire du changement gustatif alors à l'œuvre : la nourriture ne doit plus être un composé d'aromates amers-acides. Ce sont des arômes subtils, doux et frais qui déferlent maintenant dans les assiettes d'Europe. Les truffes, les champignons, la ciboulette et les échalotes viennent s'associer à des sauces crémeuses. De surcroît, La Varenne conçoit pour la première fois des recettes avec des légumes qui, jusqu'alors, n'avaient pas suscité un intérêt débordant. Chose décisive à comprendre lorsqu'il s'agit de les concocter, ces nouvelles sauces doivent relever et surtout mettre en valeur le goût de la viande et du poisson. « Les sauces, écrit Julia Child, font l'éclat et la splendeur de la cuisine française. » « Une sauce, poursuit-elle, ne sert pas à cacher ou masquer quelque chose[2]. » Wolfram Siebeck avertit de même son lecteur : « Une sauce n'a pas pour mission de noyer les pommes de terre mais de raffiner plus encore le goût de la viande[3] ! » La sauce est cet élément liquide, qu'il n'est pas si facile de définir, qui vient tout de suite « jouer au centre ». Elle est ce fluide beurré qui se marie avec toutes les autres composantes du plat pour mieux les mettre en valeur. Chaude et luisante, elle inonde les surfaces, se glisse dans les interstices, recouvre les rôtis, imbibe les légumes. C'est elle que les enfants dégustent en premier, et c'est elle qui disparaît en dernier du plat, emportée à grand renfort de bouts de pain. L'expression allemande « je pourrais me rouler dedans » fait surgir l'image d'une assiette creuse bien remplie d'une sauce onctueuse et chaude au fond de laquelle on se planquerait volontiers. Elle est l'élément le moins nécessaire d'un plat et celui qui est le plus désiré.

C'est à l'art de la sauce de La Varenne que nous devons ce qu'on appelle les « sauces mères », qui sont au nombre de cinq et que tout cuisinier se doit de maîtriser : la sauce béchamel, la sauce veloutée, la sauce espagnole, la sauce tomate et la sauce hollandaise. Les trois premières reposent sur le roux. La sauce tomate est une essence fruitée faite de chair et de pulpe de tomate. Et pour la hollandaise, on utilisera du jaune d'œuf que l'on battra avec du beurre. Quiconque maîtrise ces cinq sauces de tête peut élaborer sur cette base d'une grande souplesse d'innombrables variantes. Des recettes toujours nouvelles, raffinées, sont ainsi conçues à partir des préceptes d'une école aux règles sévères – l'art culinaire français classique est né, et il deviendra dès lors une référence incontournable. La Varenne n'a donc pas seulement inventé la sauce, il a aussi défini ce que signifie bien manger.

Vers 1700

Tea time, royaume d'Angleterre

Une impressionnante maison de maître, peut-être quelque part dans le Southamptonshire. Une pluie fine plonge la longue allée réservée aux carrosses dans la brume, les larges pelouses et les plates-bandes minutieusement agencées en sont tout humides et brillantes. À l'intérieur du manoir s'ouvrent des enfilades de pièces sous une très belle hauteur de plafond. Des tapis précieux étouffent le bruit des pas, des carafes en cristal tintent doucement quand on les sort de leurs vitrines. Seules des mains gantées touchent à l'argenterie tandis que, du haut de leurs cadres, des aïeux jettent sur tout cela des regards sévères, témoignant d'une vénérable absence d'humour. La maîtresse de maison, assise dans l'une de ces pièces, se consacre avec componction à son activité du moment : préparer le thé pour ses invités. Cette tâche est trop importante et le thé bien trop cher pour pouvoir la déléguer à un domestique. Raison pour laquelle c'est elle qui détient l'unique clé donnant accès au *tea caddy*, un petit coffre en bois ouvragé, orné de marqueteries tel un coffret à bijoux. Les précieuses feuilles de thé y sont conservées.

Un plateau en argent accueille en outre déjà une bouilloire remplie d'eau tout juste portée à ébullition, et une théière déjà tiède et contenant un peu d'eau chaude. Mais aussi un passe-thé, un petit pot de lait, un sucrier, ainsi que des rondelles de citron sur une petite assiette en verre. La maîtresse de maison ouvre la boîte et en retire le thé, dont elle remplit avec précaution la théière au moyen d'une cuillère en argent. Une cuillère de thé par personne et encore une par-dessus. Et d'y verser ensuite l'eau chaude, le visage concentré et tendu. C'est une gravité digne d'un rite religieux qui règne maintenant dans la pièce entière. Lorsque les premières gouttes d'eau chaude entrent en contact avec les feuilles séchées, des grésillements se font entendre et c'est une vapeur odorante qui s'élève. Maintenant au tour des tasses d'être servies. Elles sont en porcelaine chinoise, des fleurs et des oiseaux y ont été peints avec une très grande délicatesse. Et elles sont si fines que c'est le lait qui doit y être versé en premier. Si l'on versait directement le thé bouillant dans l'un de ces très fragiles contenants, il éclaterait aussitôt. « S'il était un jour donné à l'Angleterre de régner sur le monde, alors ce serait aussi le règne à l'échelle du monde de l'*afternoon tea* et du fauteuil club », écrivit un jour Eduard von Keyserling[1]. De fait, le thé de l'après-midi devient très vite un marqueur typiquement britannique, et pas seulement aux yeux des autres peuples – c'est sous la forme de ce rituel que les Anglais célèbrent aussi leur mode de vie. Et cela quelle que soit l'appartenance sociale. Dès 1750, l'East India Company importe de très grandes quantités de thé en Angleterre, et au milieu du XIXe siècle le prix du thé a à ce point baissé que la *working class*, la classe ouvrière, peut elle aussi s'en offrir.

Jadis boisson réservée à l'élite, le thé devient donc progressivement un rituel accessible à tous. Un rituel qui est également un repas. De fait, des aliments solides font bientôt eux aussi partie intégrante d'un *tea time* digne de ce nom. À ce titre, le thé est étroitement lié à l'évolution du rôle de la femme dans la société britannique. En 1662, la princesse portugaise Catherine de Bragance vient en Angleterre pour épouser Charles II, mais elle y apporte avant toute chose dans ses bagages un petit coffre à thé, et c'est ainsi que tout commence. Le café qui, jusqu'alors, avait eu la prédilection de toutes et tous est bientôt supplanté par le thé qui, aux alentours de l'an 1700, est déjà la boisson préférée de la classe supérieure. Mais c'est chez elle seulement que la maîtresse de maison endosse la responsabilité exclusive de la conservation et de la préparation du thé. C'est qu'elle n'a pas le droit de s'attarder dans les bistrots, où l'on trouve également du thé. Lorsque, au début du XVIIIe siècle, les premières maisons de thé ouvrent leurs portes, les dames attendent sur le seuil de la porte de derrière, le temps que leurs domestiques de sexe masculin passent commande à leur place dans le magasin. Toutefois, les premiers jardins de thé ne tardent pas à faire leur apparition ; il s'agit de petits parcs où les règles strictes des espaces fermés n'ont pas lieu d'être, et où les femmes se retrouvent donc pour boire le thé. C'est un pas considérable hors de l'isolement domestique dicté par les règles sociales.

Vers la fin du siècle, les jardins de thé disparaissent (le climat local y ayant sans doute été pour quelque chose), mais le *socializing*, la sociabilité féminine et le rituel du thé sont déjà, grâce à eux, inséparablement liés. Comme on peut le vérifier dans les moindres détails dans chaque roman de Jane Austen, il est de coutume de se retrouver l'après-midi pour un thé dans un *living room*. Et c'est ainsi que la boisson chaude fait de l'espace le plus privé un lieu semi-public accueillant désormais des interactions sociales d'une importance décisive. Il n'est en rien étonnant que le *tea time* de l'après-midi gagne dès lors encore plus en consistance ; à l'époque victorienne, à partir de 1840 à peu près, des petites bricoles à grignoter sont également servies pour le thé (là aussi à l'initiative d'une femme, en l'occurrence la duchesse de Bedford, une dame d'honneur de la reine). Des petits sandwichs, des sponge cakes ou gâteaux éponges, la tarte Bakewell, remplie de marmelade, et naturellement aussi des scones deviennent également partie intégrante de ce rituel consciencieusement entretenu dans tout l'Empire britannique. C'est un repas à part entière disposant de ses propres règles de conduite et de ses propres usages qui finit par avoir lieu jusqu'au *five o'clock tea*. Et c'est ainsi que fait son apparition la robe de thé, un vêtement à la coupe confortable spécifiquement conçu pour l'heure du thé, et qui est porté sans corset ; pour la première fois, des Anglaises se montrent devant des hommes, hors de leurs foyers, sans se compresser la taille.

Dans l'histoire de l'humanité, la nourriture revêt encore et toujours une dimension rituelle. Si cela fonctionne aussi bien, c'est parce que l'homme doit tout simplement manger pour survivre. La nourriture est si étroitement associée à notre existence que le saut conduisant au rituel, qui désigne avant tout un processus constamment réitéré, n'a rien d'un grand saut. L'*afternoon tea*, le thé de l'après-midi, avec ses petits gâteaux parfaits et ses arômes très raffinés, n'a pas pour objet, en tant que rituel, de conjurer une douloureuse réalité prosaïque. Il s'élève plutôt au-dessus de la banalité intrinsèque au simple fait de s'alimenter. Après tout, ce ne sont pas des denrées alimentaires au sens strict qui sont servies à cette occasion mais des produits de luxe. Le moment du thé est fondamentalement un rituel du luxe absolu, un plat pouvant se prévaloir d'un fort pouvoir de conférer une identité à celles et ceux qui se réunissent autour de lui – à savoir les membres d'une nation parfaitement consciente d'être un empire. Keyserling écrit ailleurs que le confort fait partie du patrimoine culturel national anglais. Il s'attache à décrire l'impitoyable perfectionnisme au moyen duquel les Britanniques façonnent leur environnement immédiat et leurs habitudes, parlant à ce propos d'une « machinerie de l'harmonie de la vie », qui occuperait, de façon assez peu naturelle, beaucoup de place dans le quotidien des Anglais[2].

La domination mondiale de l'*afternoon tea*, des petits pots de lait en argent, des coffres à thé et des fauteuils club, a été avant tout célébrée, jusqu'à nos jours, dans la sphère privée. C'est donc par excellence dans cette sphère privée que la fierté nationale de l'Anglais trouve à s'exprimer.

1770

Pommes de terre en robe des champs, royaume de Prusse

La pluie. Encore et toujours la pluie. L'eau se précipite des cieux avec une monotonie épuisante. Un été pour le moins humide, de bout en bout, tout au long duquel les champs se transforment en marais, les céréales s'y noyant dans un sol boueux. Et puis vient l'hiver, et la dureté d'un froid glacial. Des terres blanches de givre jusqu'au printemps. Et les pluies d'été, que l'on redoutait, de faire ensuite leur retour. Le blé noyé dans la gadoue. Et viennent ensuite : un interminable hiver supplémentaire et un nouvel été fait de pluies ininterrompues. Un ciel qui reste terne et gris. Une catastrophe climatique qui dure presque trois années, provoquée par diverses anomalies climatiques. Des pluies de longue durée qui se déversent sur l'Europe. Les récoltes saccagées de France jusqu'en Ukraine, de Scandinavie jusqu'en Suisse. En raison de ces anomalies climatiques, des sécheresses extrêmes s'abattent à la même époque sur l'Amérique centrale, sur l'Inde et une grande partie de l'Afrique. Des millions d'êtres humains souffrent de la faim et en meurent. Des épidémies se déclarent. La misère et la violence règnent dans les rues.

Ce scénario de fin des temps qui s'abat de façon totalement inattendue sur l'humanité marque en Europe la date de naissance de la pomme de terre.

Mais commençons par le début. À partir des années 1520, les conquistadors espagnols entament en Amérique du Sud la conquête du royaume des Incas. Au cours de leurs premières expéditions criminelles joliment baptisées « explorations », ils sont tombés sur de gigantesques terrasses agencées sur un mode concentrique et qui, pour certaines, se hissent jusque dans des sommets montagneux. Ils ont découvert enfoncés dans le sol des tubercules d'une étrange beauté, de formes et de couleurs innombrables. Des sphères striées de couleur prune. Des croissants jaune d'or, à la forme élancée. Des formes brun foncé évoquant des saucisses. Des cônes noueux, mouchetés de rouge. Nombre d'entre eux sont rayés, d'autres sont à pois. Avant de semer ces plantes inconnues, les Incas organisent toujours à grands frais des cérémonies dans leurs champs. Ils façonnent des récipients cultuels en leur conférant la forme d'imposantes excroissances. Une fois les récoltes terminées, les pommes de terre sont apportées dans le haut plateau, où elles gèlent jusqu'à se transformer en pierres dures. Ensuite on extrait l'humidité des mottes gelées en les piétinant et on les fait sécher au soleil. Après un tel traitement de choc, les tubercules tiennent une quinzaine d'années. Ils représentent une denrée alimentaire nourrissante et peuvent remarquablement faire office de provisions de voyage. Émerveillés, les conquérants emballent des spécimens de ces plantes inconnues et les apportent au pays. La pomme de terre part pour l'Europe.

Dans un premier temps, son statut de curiosité exotique fait qu'elle atterrit dans les assiettes des classes supérieures. Il s'ensuit des décennies d'étude et de mise en culture. Un beau jour, on parvient à obtenir des espèces susceptibles d'être cultivées sans complications et qui se révèlent résistantes au temps froid et pluvieux. Toutefois, ces premières espèces n'ont pas un goût particulièrement savoureux, même pour les palais peu exigeants des simples gens, qui se nourrissent encore principalement de pain dur et de bouillie, tous faits à base de seigle et d'avoine. Ces premières pommes de terre européennes ont un goût acide et clairet ; en outre, ceux qui les consomment éprouvent ensuite des maux de gorge passablement inquiétants.

Et c'est là que débutent les problèmes : ces pommes de terre ne sont pas populaires. Des scientifiques clairvoyants et des hommes d'État prennent toutefois la mesure du potentiel du tubercule. Il peut être d'un rendement extraordinaire et être cultivé sans difficulté, y compris dans des conditions climatiques pénibles. Il est sain, consistant et très bon marché. En somme, il pourrait éradiquer à lui seul l'une des plus grandes calamités des temps modernes : la famine.

La population prussienne oppose elle aussi à la pomme de terre la méfiance la plus profonde. Toutefois, son monarque, Frédéric II, avait compris depuis longtemps – son arrière-grand-père, déjà, faisait cultiver des plantes dans les jardins d'agrément de Berlin – quel rôle considérable la *Tartoffel*, la patate, allait pouvoir jouer à l'avenir ; raison pour laquelle il décida de la rendre populaire, en surmontant toutes les résistances. Avec l'« édit des pommes de terre » de Frédéric le Grand, l'approvisionnement alimentaire devient une thématique politique et sociale à part entière – et c'est là l'un des premiers exemples d'une telle évolution. En cela, Frédéric se montre un souverain tout à fait éclairé, un homme des Lumières aux yeux de qui l'État doit se soucier de l'intérêt général.

Et pourtant, la pomme de terre du Siècle des lumières devient aussitôt un objet de scandale car, dans les faits, le plan de Frédéric visant à la populariser peine dans un premier temps à porter ses fruits. Dans son autobiographie, Joachim Nettelbeck décrit les grandes difficultés qui, dans les années 1740, étaient encore celles de la politique de popularisation de la pomme de terre : « Une cargaison considérable de pommes de terre arriva en effet sur le marché.

On l'annonça dans la ville à grands coups de tambour et, dans les faubourgs, des avis placardés avertirent la population que tout propriétaire de jardin devait se trouver à une heure bien précise devant l'hôtel de ville, étant donné qu'une action de bienfaisance toute particulière à eux destinée avait été décidée par Sa Majesté. [...] Les messieurs du conseil municipal présentèrent alors à la foule rassemblée le nouveau fruit, que personne ici n'avait encore jamais vu de ses yeux. On donna lecture de directives compliquées quant à la manière de planter et exploiter ces pommes de terre. [...] En guise de réaction, les bonnes gens prirent dans leurs mains, étonnés, les tubercules dont on faisait si grand éloge, ils les reniflèrent, les goûtèrent et les léchèrent. [...] On les rompit et on les jeta aux chiens présents sur place qui vinrent les renifler avant de les laisser là. Le verdict était tombé[1]. »

Les débuts de la pomme de terre sont donc pour le moins laborieux. Voici comment Frédéric, très remonté, s'exprima alors à propos de ses sujets récalcitrants : « Et nous avons alors appris l'entêtement des valets et filles de ferme, lesquels se refusent à manger des patates. Parce que leurs ancêtres n'en mangeaient point, arguent-ils, ils n'auraient aucune raison de se mettre à en cultiver[2]. » D'où l'édit sur les pommes de terre, un ensemble d'arrêtés et de lettres circulaires ayant pour titre « Circulaire due au refus des valets et filles de ferme de manger des pommes de terre[3] ».

« Ce que le paysan ne connaît pas, il ne le mange pas », déclara ainsi Frédéric le Grand sur un ton très possiblement mortifié. Cette phrase est devenue un dicton qui renvoie dans le même temps à un phénomène tout à fait essentiel : pour beaucoup, la nourriture est l'incarnation même du familier inspirant confiance. Les aliments inconnus nous inspirent souvent de la méfiance – un réflexe qui est possiblement dicté par l'évolution et qui, en l'espèce, pousse beaucoup de personnes à craindre que ce tubercule inconnu ne soit en fait une plante vénéneuse. Bien souvent, nous n'acceptons véritablement une nourriture qui nous est étrangère qu'à la condition qu'un groupe humain plus vaste se l'approprie culturellement sous une forme ou une autre. Et c'est ce qui finit aussi par arriver à ce tubercule étranger venu du lointain royaume des Incas. L'élément déclencheur, ici, fut la famine absolument dramatique, évoquée au début de ce chapitre, des années 1770-1772. Seuls ceux qui cultivent encore à ce moment-là quelques pommes de terre sont en mesure de rentrer des récoltes. Cela marque les esprits et, dès lors, la campagne prussienne de promotion de la pomme de terre commence à « prendre ». Ce nouveau produit de récolte qu'est la pomme de terre permet un peu partout d'éloigner le spectre de la famine – et, en cela, il délivre le peuple de la monotonie pâteuse de la bouillie aux céréales qui, depuis des milliers d'années, constituait son seul et unique régime. Peu de temps après cette crise alimentaire gravissime, le roi peut se féliciter d'apprendre que les valets et filles de ferme mangent désormais volontiers de la pomme de terre et que les pommes de terre en robe des champs bien chaudes sont très prisées comme accompagnement à une tartine de beurre ; c'est que leur goût terreux, légèrement douceâtre, se combine au mieux avec la tendre douceur du beurre gras. Une encyclopédie pleine de bonnes intentions parue en l'an 1785 recommande toutefois de ne servir des pommes de terre au personnel de service que le soir, afin d'éviter qu'au petit déjeuner et au déjeuner celui-ci ne perde trop de temps à les peler.

Il faut toujours qu'il y ait des complications.

Vers 1790

Pique-nique, France et Royaume-Uni de Grande-Bretagne et d'Irlande

C'est une belle journée de printemps, peut-être en l'an 1789. Des abeilles bourdonnent au-dessus des champs de fleurs sauvages. Un petit moulin à eau clapote. Une jeune femme pousse une porte, qui grince. Elle est vêtue d'une robe paysanne tout à fait simple mais qui met en valeur sa personne, avec grâce. C'est Marie-Antoinette. Au fond des jardins de Versailles, elle a fait construire un village de bergers : de petites maisons paysannes, des jardinets, un hameau tout à fait pittoresque. Elle y retrouve ses amis les plus proches, tous également vêtus pour l'occasion comme des vachers et des paysans, ils y mènent avec grand plaisir plusieurs jours durant une vie censément plus simple, plus proche de la nature – tous ont lu Rousseau et sa critique de la civilisation, selon laquelle l'homme moderne s'éloigne bien trop de la nature. Pendant ce temps-là – et cela aura plus tard des répercussions particulièrement funestes pour Marie-Antoinette et ses semblables –, les paysans véritables, gardés à bonne distance des grilles de son palais, souffrent de la faim. À Paris comme dans les campagnes, on dit en se collant la main devant la bouche, mais sur un ton furibard, que dans le petit monde imaginaire de cette jeune reine qui ne connaît rien du monde des fêtes galantes se déroulent à la belle étoile, lors desquelles des boissons et des mets jamais vus ailleurs, et donc proprement inconcevables, sont apportés directement des cuisines du château.

Après la Révolution française, de nombreux aristocrates qui ont réussi à échapper à la Terreur fuient en Angleterre. Ils y amènent avec eux leur prédilection pour le *pique-nique* – un terme qui, en ce temps-là, désigne de façon générale une manière de se restaurer plutôt affranchie de toute contrainte, un repas sans façon susceptible de se dérouler à l'intérieur comme en extérieur et auquel chacun contribue en apportant quelque chose. C'est en 1801 que la « Pic Nic Society » est fondée à Londres – manifestement à l'initiative d'un groupe de jeunes Anglais aussi francophiles qu'excentriques. Ceux-ci se retrouvent dans des chambres de Tottenham Street, où ils ripaillent, boivent, festoient tout en interprétant une pièce de théâtre. Chaque membre de ce groupe apporte à cette occasion un plat (décidé par tirage au sort) ainsi que six petites bouteilles de vin, pas moins. Le pique-nique *al fresco*, à la fraîche, soit un déjeuner sur une nappe posée sur le sol, en pleine nature – les aliments, apportés dans un panier, sont étalés au beau milieu de ladite nappe –, devient alors à la mode dans l'Angleterre victorienne, une mode qui enchante non seulement les aristocrates, mais aussi la *working class*, la classe ouvrière. Ce sont avant tout ces ouvriers qui devaient se réjouir d'échapper alors à Londres, cette capitale ensevelie sous le smog et les fumées de ses lugubres usines, pour s'installer quelques heures dans un champ quelconque, histoire d'y déguster un repas sans prétention. Peut-être s'y rend-on encore muni d'une boîte d'herboriste afin de s'adonner à un autre loisir mélancolique victorien et collectionner quelques feuilles de fougère, cette plante si décorative.

Le pique-nique vient marquer un point sensible de l'histoire humaine : pour la première fois, l'homme s'éloigne très nettement de la nature tout en en ayant parfaitement conscience. Il est épuisé par l'industrialisation, il est las du flot de marchandises fabriquées en usine et las de contempler le ciel noirci de la grande ville. Et donc le voilà qui se laisse tomber sur sa nappe de pique-nique – on s'allonge sur le sol, au contact direct de la terre chauffée par le soleil, au contact des brins d'herbe et des fourmis – afin d'y consommer un repas sans prétention et loin des conventions. Or c'est précisément l'innocent pique-nique qui, au fil du XIXe siècle, va toujours plus devenir le sujet de grandes mises en scène. C'est ainsi que les peintres – et avant tout les impressionnistes – découvrent le repas à la fraîche et en font leur motif de prédilection. De fait, tout y est : les dames en habits clairs avec leurs chapeaux battant au vent, une petite société venue passer un gentil moment sous les arbres d'un bois éclaboussé de rayons de soleil, et des plats ayant fière allure, des pâtisseries françaises et des fruits bariolés, notamment, en guise de nature morte déposée sur une jolie nappe.

Le Déjeuner sur l'herbe d'Édouard Manet provoque un beau scandale : deux hommes vêtus de pied en cap y piqueniquent avec indolence en compagnie d'une jeune femme en tenue d'Ève, assise à leurs côtés sur le sol d'une forêt. Le petit panier qui contenait des cerises et quelques brioches a versé sur le côté, les bonnes choses s'en sont en partie échappées, mais personne ne fait mine de mettre bon ordre dans ce fatras. Voilà bien quelque chose qui ne se serait probablement pas produit avec un panier de pique-nique anglais – une invention de l'époque victorienne. C'est là un objet utilitaire fort apprécié lorsqu'il s'agit de s'installer en pleine nature sans devoir renoncer pour autant à la subtile étiquette. Les paniers contiennent de l'argenterie, des verres en cristal et des assiettes en porcelaine, des salières et des poivriers ainsi qu'un beau sucrier, tout cela méticuleusement rangé et fixé sur la face intérieure du couvercle de la corbeille.

Dans son très influent livre de cuisine intitulé *Mrs Beeton's Book of Household Management*, la madame Beeton en question égrène la liste de tous les ingrédients nécessaires à un pique-nique réussi. En gros : beaucoup de viande, et donc du rosbif, des côtelettes, du poulet rôti, du jambon, de la langue, de très divers pâtés, et enfin de la tête de veau bouillie. Et pourquoi pas quelques homards ? De la salade, et ensuite des fruits que l'on pourra facilement mettre en conserve, transporter dans des bouteilles en verre hermétiquement fermées. Des fruits frais, des pâtisseries, des gâteaux, un pudding. Et naturellement du pain et du beurre pour le thé, que l'on peut préparer sur un réchaud transportable. La civilisation nous a rattrapés. C'est ainsi qu'à Ascot, lors des courses de chevaux annuelles, il est possible de pique-niquer dans les formes.

En France aussi, le pique-nique se développe, jusqu'à devenir une activité appréciée par toutes les classes sociales de la Belle époque. Les dimanches, le peuple afflue dans les forêts et le parc du bois de Boulogne, où règne une activité intense : un défilé continu de cavaliers en grand apparat et de carrosses le long des chemins et des allées du parc, les riches ne manquant pas d'idées peu ordinaires – par exemple, faire tirer de temps à autre leurs élégants cabriolets par une autruche ou un chameau. On pique-nique dès lors dans les prés, avec du pain, du fromage et du vin, et on y assiste au spectacle. Une nature sans affectation et dans le même temps une mise en scène planifiée. La contradiction propre à l'homme moderne.

Vers 1810

Viande en conserve, Empire français

Ils sont venus de partout. Tel un fleuve indolent, la foule humaine passe de salle en salle. Là-haut, tout là-haut, le plafond en verre semble flamboyer dans la lumière du jour. La construction en verre et en acier, semblable à un palais, surplombe tout, tous et toutes : êtres humains, arbres, fontaines en cristal, sculptures. De gigantesques machines grinçantes. Des bovins reproducteurs et des chevaux. Un appareillage entièrement inédit du nom de télégraphe. Et, sur un autre stand, c'est une conserve qui est ouverte dans un silence religieux. Nous sommes en 1851 et c'est un état d'exception qui règne à Londres : l'exposition universelle s'y déroule dans un palais de cristal tout récemment édifié. Parmi toutes les innovations qui y sont présentées, on y démontre que la boîte de conserve est réellement cet objet salvifique qui pourrait résoudre le problème de la faim dans le monde.

Mais revenons quelques années en arrière : au début du XIXe siècle, le pâtissier Nicolas Appert découvre comment conserver longtemps les fruits, les légumes et la viande. On remplit à ras bord des bouteilles de denrées alimentaires. Ces bouteilles sont en verre épais, comme les bouteilles de champagne. Appert les referme hermétiquement avec un bouchon et les fait chauffer dans un bain-marie. La fraîcheur des produits demeure entière – elle est conservée. Ces bouteilles sont testées par la marine française. Quelques-unes se brisent mais, à part cela, les équipages disposent effectivement, y compris après un long périple, d'aliments parfaitement consommables ; tous les problèmes d'approvisionnement des armées napoléoniennes semblent résolus. En 1810, en guise de remerciement, le gouvernement français offre à Appert de choisir entre les deux possibilités suivantes : soit faire breveter son invention, soit rendre publics ses résultats et se voir alors décerner un prix richement doté. L'inventeur opte pour la seconde. Et les Britanniques de se mettre dans la foulée, en s'appuyant sur sa méthode, à conserver allègrement et sans état d'âme leurs aliments. Toutefois, ces derniers utilisent du fer-blanc, qui ne peut se briser aussi facilement que le verre. Quant à Appert, il passe aux conserves et fait construire sa propre usine. C'est l'une de ses conserves, de presque 40 ans d'âge, qui est enfin ouverte à l'occasion de l'exposition universelle en présence d'un vaste public.

Il s'agit à maints égards d'une capsule temporelle : celui qui avait opéré la mise en conserve est déjà mort. Appert est décédé dix ans auparavant. Mais, à l'intérieur de la boîte, le temps semble s'être arrêté. Son contenu est encore frais, comme s'il avait été mis en conserve la veille. L'humanité a résolu son plus grand problème alimentaire : le temps. Elle ne dépend plus des saisons et des produits saisonniers, elle est aussi moins tributaire des voies de livraison. Et lorsqu'on abat un bœuf, on peut désormais le manger des années plus tard. Bien sûr, l'homme a toujours fait des provisions ; mais la conserve permet de maintenir frais n'importe quel type de denrée alimentaire, et cela dans des quantités jusqu'alors inconcevables.

La nourriture en conserve donne des ailes aux conquérants et aux découvreurs. Ce n'est pas seulement que des troupes entières peuvent être ravitaillées sur le champ de bataille : l'homme peut maintenant, avec ses conserves dans ses bagages, progresser toujours plus sur des terrains inconnus. C'est ainsi que débute en 1845 une ambitieuse expédition polaire placée sous la direction de Sir John Franklin, dont la durée programmée est de trois années. Lorsque ses navires quittent l'Angleterre, ils emportent effectivement dans leurs cales des stocks censés permettre de « tenir » toute cette longue période, dont 7 105 kilos de conserves de poisson frais et presque 5 000 kilos de conserves de pommes de terre et de légumes. Toutefois, peu de temps après l'ouverture tant célébrée de la conserve appertienne, il s'avérera que les cent vingt-neuf aventuriers étaient condamnés d'avance. Une cause possible : un empoisonnement au plomb, dû aux soudures de ces conserves, qui auraient été mal réalisées.

On raconte aussi, au sujet d'une autre expédition polaire menée ultérieurement sous la direction de George W. DeLong, que ses protagonistes, lorsqu'ils ingurgitaient leurs conserves de tomates, se cassaient régulièrement les dents sur de petites billes de plomb. Ils en plaisantaient d'ailleurs, semble-t-il : ces tomates, disaient-ils alors, avaient probablement été abattues au fusil. Si on ne tire certes pas sur elles, les conserves sont en revanche régulièrement maltraitées à la baïonnette – car il est bien difficile, autrement, d'ouvrir les boîtes en verre épais : l'ouvre-boîte n'a pas encore été inventé. On a également recours pour ce faire au marteau et aux ciseaux. Et dans de nombreux foyers les cuisinières travaillent volontiers les soudures au fer à repasser. En dépit de ces contrariétés et autres revers fatals, la marche victorieuse des boîtes de conserve ne peut plus être arrêtée. Et au tournant du siècle la conserve est déjà produite en masse.

En 1962, Andy Warhol peint les conserves de la société Campbell's, en en donnant trente-deux variantes, une pour chaque sorte de soupe en boîte disponible dans le commerce. Et de présenter ses tableaux alignés sur un rayonnage comme on en voit dans les supermarchés à un très vaste public qui n'y comprend goutte : la nourriture en boîte est devenue depuis longtemps un produit de la société de consommation. Les plats préparés sont maintenant eux aussi conservés. Il suffit d'ouvrir prestement la boîte (entre-temps l'ouvre-boîte idoine a été conçu) et de réchauffer tout aussi prestement son contenu. Alors que pendant des millénaires l'homme avait dû consacrer quasiment ses journées entières à se procurer de quoi manger et le préparer, l'homme moderne n'y consacre plus qu'une fraction de son temps. Ce gain de temps considérable se fait toutefois aux dépens de la palette des saveurs. Même lorsqu'on conçoit trente-deux sortes de soupes en boîte, cette nourriture est fabriquée et mise en conserve selon un mode industriel, chaque conserve ayant rigoureusement le même goût que les autres. Il en résulte une uniformisation de l'alimentation. Si l'idée des soupes en boîte lui est venue, explique Warhol, c'est parce qu'il a avalé le même déjeuner quotidiennement vingt ans durant. L'uniformisation envisagée non seulement comme un parti pris artistique, mais aussi comme une expérience de l'absence de goût à l'ère industrielle.

Une portion de nourriture dont le volume ne varie jamais est introduite dans une capsule en fer blanc qui, une fois fermée hermétiquement, ne laisse plus rien passer à l'intérieur – pas le moindre rayon de lumière ni le moindre souffle d'air. Jusqu'au moment où on l'ouvre pour en extraire son contenu – une libération qui s'accompagne toujours d'un léger chuintement. À cet instant de l'ouverture, c'est une odeur intense qui s'élève, une odeur forte, presque désagréable. La nourriture froide n'a pas une odeur aussi alléchante qu'une soupe lentement portée à ébullition, elle n'embaume pas comme un plat mijoté à petit feu : sa saveur est comme engourdie. Ce n'est qu'au moment d'être réchauffé que le plat en conserve se met enfin à évoquer la nourriture en train de cuire.

De nos jours, la cuisine haut de gamme découvre les mérites de la conserve. Nous ne parlons plus ici de conserve industrielle mais d'art de la mise en conserve et du conditionnement. De produits à la saveur et à l'arôme intenses marinant dans un délicat jus de cuisson avant d'être mis en conserve. C'est ainsi que sont conçus des plats paradoxaux génialement improbables, des combinaisons de fruits et légumes de différentes saisons, un très âpre chou de Milan pouvant y côtoyer une fraise. Et soudain la conserve se voit nimbée d'une aura quelque peu romantique, elle se met à dégager des effluves de jardin ouvrier et nourrit le fantasme de l'autosuffisance – elle instille aussi de l'espoir lorsque les temps se font difficiles. Alors que, au départ, la conserve avait entamé sa marche victorieuse afin de permettre aux hommes de s'aventurer par le vaste monde, elle leur permet aujourd'hui de battre entièrement en retraite. En Allemagne, les services de secours conseillent de stocker en permanence des provisions alimentaires pour dix jours, au cas où. De l'escapisme en boîte.

Vers 1830

Nigiri sushi, Japon

Un bref hochement de tête, une inspiration profonde, et les deux hommes soulèvent le gigantesque thon. Ils l'ont attaché à un long pieu au moyen de plusieurs câbles. Tandis qu'ils s'affairent, leurs kimonos rayés en coton léger remontés pour éviter de trébucher au milieu de la foule, la créature des mers s'agite et vient taper contre leurs corps. De grands paniers sont suspendus au-dessus des têtes, remplis de daurades et d'ormeaux, qui évoquent les boucles d'oreilles en pierre des premiers temps. Les tentacules des poulpes pendouillent mollement, tels les fils fatigués d'un rideau de perles. Soudain, le tintement strident d'innombrables clochettes vient couvrir les cris des très affairés pêcheurs et négociants – il est 6 heures du matin, la journée commence. Au-delà des murs du marché aux poissons, les rues de la cité – qui, en ce temps-là, est l'une des plus grandes au monde : il s'agit d'Edo, aujourd'hui également connue sous le nom de Tokyo – s'éveillent elles aussi.

En 1603, la dynastie samouraï de Togukawa s'empare du pouvoir au Japon, et un terme est très vite mis à une longue période de troubles dans l'archipel. C'est une décision inhabituelle qui est avant tout à l'origine de ce nouvel état de fait : alors que le monde entier est en pleine mutation, qu'on découvre de nouvelles contrées et qu'on ouvre de grandes routes commerciales, le Japon décide de se fermer entièrement au reste de la planète. Pendant plus de deux cents ans, aucun étranger n'est autorisé à entrer sur son territoire et aucun Japonais n'a la permission de voyager. Les rares partenaires commerciaux du pays, triés sur le volet, sont rencontrés sur une île artificielle qui a été créée à cet effet dans le port de Nagasaki ; à part cela, le pays s'en tient fermement à son splendide isolement. Mais comment une nation qui se prémunit systématiquement de toute influence extérieure se développe-t-elle ? En fait, la bulle dans laquelle le Japon s'est enfermé de lui-même libère des énergies insoupçonnées – l'ère Edo est encore considérée aujourd'hui comme l'apogée de la culture japonaise, avant tout en matière culinaire. Alors qu'en Europe centrale les paysans mangent encore à la cuillère, la mine contrariée, leur bouillie de céréales, les riziculteurs de l'ère Edo avalent avec plaisir leurs très soyeuses soupes aux vermicelles au sarrasin, mais ils mangent aussi de l'anguille grillée accompagnée d'une suave sauce kabayaki et de très odorants tempuras, soit du poisson et des légumes frits – il est interdit dans ce pays bouddhiste de consommer de la viande. De surcroît, un plat a fait son apparition au cours de cette période d'autarcie totale, un plat à ce point unique qu'il n'aurait jamais été vu ni goûté ailleurs dans le monde : le sushi.

À son origine, une méthode spéciale de fermentation. Au Japon, dès le VIe siècle, on fume le poisson et on le conserve dans des fûts, plongé dans du riz cuit. Quelques siècles plus tard, le riz est mélangé à du vinaigre de riz, le tout étant pressé avec le poisson dans des moules en bois. Ce sushi de l'ère Edo est très apprécié. Il est pour l'essentiel vendu dans la rue, sur des étals, dans de petites cabanes en bois ressemblant à des maisons en miniature. On en trouve partout, au bord des routes et aux croisements, devant les bains publics, toujours très fréquentés, il en existe des milliers. La nuit, leurs lanternes en papier scintillent au milieu de la foule. On y mange debout, en trempant les petites bouchées dans une grande coupe de sauce au soja que l'on partage avec ses voisins. Puis on s'essuie les mains à un morceau d'étoffe en coton doux accroché à une paroi du stand. Les étals les plus appréciés sont ceux qui disposent des morceaux d'étoffe les plus sales.

Et puis, tandis que l'ère Edo approche de sa fin, le sushi se transforme une fois encore. Alors qu'à peine plus de deux cents ans se sont écoulés depuis la décision de couper le pays du reste du monde, un maître sushi du nom de Yohei invente vers 1830 le nigiri sushi. Celui-ci semble être le condensé de l'ère Edo, tout au long de laquelle le pays a vécu comme sous une cloche de verre. Le riz, mélangé à du vinaigre et à du sucre, est moulé à la main jusqu'à prendre une petite forme ovale – l'empreinte organique de l'intérieur d'une main fermée. Le côté supérieur de cette petite balle est légèrement enduit de pâte de wasabi. On pose dessus une fine tranche de poisson ou de fruit de mer, coupée avec soin, au départ encore marinée ou bouillie, et plus tard tout à fait crue. La cuisine végétarienne a imprimé sa marque sur le Japon et ancré dans sa culture une aversion certaine pour la graisse au goût épicé et pour les fortes odeurs de viande ; la cuisine de l'ère Edo réclame de la clarté. Et parce que chaque produit utilisé pour le concocter répond à cette exigence, le nigiri sushi n'est guère relevé. Ces petites bouchées de sushi qui se diffusent d'abord dans tout Edo avant de conquérir le reste du Japon font l'effet de scintillantes pierres précieuses à la beauté minimaliste.

Il est certain que le spectaculaire essor de la culture de l'imprimé contribue également à la transmission rapide et précise des techniques culinaires aux quatre coins du Japon. Tout un chacun connaît par exemple les gravures en couleur sur bois qui sont le résultat des immenses avancées de l'impression typographique tout au long de l'ère Edo :

les guerriers et les dames aux kimonos gaiement colorés, aussi fluides que de l'eau ; le mont Fuji entouré de très vaporeux champs de fleurs de cerisier ; des villages japonais sous la neige ; des scènes d'intérieur, dans des maisons de thé dont les portes coulissantes grandes ouvertes donnent sur de merveilleux jardins. Et bien évidemment l'icône de Katsushika Hokusai, *La Grande Vague de Kanagawa* (peinte à la même époque où apparaît le nigiri sushi), dont les extrémités évoquent des oiseaux fuyant les eaux devenues folles. C'est justement ce même Hokusai qui illustre aussi le livre de cuisine intitulé *Edo ryuko ryori-zu taizen*, un manuel de la cuisine raffinée destiné aux bons vivants d'Edo. Des poissons y glissent sur les pages, des champignons sauvages semblent proliférer à partir du papier lui-même, les feuilles opulentes d'un gros radis s'emparent des caractères imprimés au-delà des pliures. Le livre de cuisine comme œuvre d'art totale.

L'artisanat de la fabrication du sushi est transmis de génération en génération et lorsque, en 1853, le Japon s'ouvre de nouveau, contraint et forcé, au monde, le sushi entreprend de conquérir ce dernier. Le résultat en est un perfectionnisme toujours accru qui, à l'évidence, n'a pas encore atteint son zénith (bien entendu, on ne parle pas ici du sushi que les établissements de restauration rapide servent à leur clientèle sur un petit tapis roulant). La formation pour devenir un maître sushi est d'une dureté patriarcale : la première année, l'apprenti, silencieux et aussi immobile qu'une pièce de mobilier, n'a qu'un seul droit : celui de s'asseoir dans un coin, aussi loin que possible du maître, et de l'observer à l'œuvre. C'est au fil de ses nombreuses années de formation qu'il se rapprochera, centimètre par centimètre, un poste de travail après l'autre, de la place occupée par le maître. À la première période dédiée à l'observation du travail succèderont quelques années au cours desquelles l'apprenti sera chargé d'aiguiser les couteaux. Le maître en a dix, les sushiya travaillant sous ses ordres étant autorisés à en utiliser trois. Et, un jour, viendra le grand moment où l'apprenti se verra donner le droit de toucher au riz pour la première fois ; désormais, il le lavera et en écartera tous les grains imparfaits. C'est à ce rythme encourageant que se poursuivra la formation et c'est au bout d'une quinzaine d'années environ que l'aspirant pourra enfin produire un sushi tout à fait acceptable. « Tu dois tomber amoureux de ton travail », a dit un jour Jiro Ono, le maître sushi le plus célèbre de son temps. Ce goût de la perfection absolue est le legs de la douce torpeur sans doute la plus productive de tous les temps.

Vers 1860

Fish and chips, Royaume-Uni de Grande-Bretagne et d'Irlande

Ça grésille et ça gicle. De l'huile bouillonne dans de nombreux réservoirs. L'écume chaude crache la graisse dans l'atmosphère de l'espace étroit, elle vient se déposer sur les cheveux et les vêtements des clients qui patientent. La petite boutique se trouve quelque part dans un lotissement britannique composé de maisons mitoyennes, de rues étroites, rectilignes filant entre de petites façades en briques rouges se succédant sans fin. Derrière le comptoir rudimentaire, des patates, découpées en bâtonnets, baignent dans l'huile, un joyeux chuintement venant ainsi se mêler à ce bouillonnement hargneux. Maintenant, le poisson : un poisson à la chair blanche et ferme, du genre cabillaud ou églefin. Les filets sont roulés au fond d'un plat creux, et avec une nonchalance experte, dans un mélange liquide de lait, d'œufs et de farine, avant d'atterrir eux aussi dans l'huile. L'odeur de poisson frit s'échappe à l'extérieur de la boutique, rejoignant la rue où la pluie tombe à verse et où la file d'attente se fait plus longue encore. C'est vendredi soir, et on vient ici depuis des décennies, voire des siècles, génération après génération, sacrifier au rituel du *Fish Friday* consistant à acheter pour quelques shillings son traditionnel *takeaway*, le repas à emporter.

Des mains agiles étalent une feuille de papier journal lu jusqu'à la dernière ligne, le poisson frit et chaud et les *chips* y sont entassés sans autre forme de procès. On verse généreusement du sel sur tout cela, et ensuite du vinaigre de malt, qui vient imprégner les pommes de terre tel un parfum acide. « *Todays headlines, tomorrow's fish and chips wrappings** », dit-on outre-Manche. Eh oui, en effet, les gros titres s'estompent, la graisse vient dissoudre l'encre d'imprimerie, les caractères se brouillent, s'effacent du papier, laissant ici et là des traces noires sur la panure dorée. Dans les années 1990, décision a été prise d'interdire l'emballage dans du papier journal, pour des raisons sanitaires, mais les nostalgiques continuent d'affirmer que c'est le *fish and chips* ainsi emballé qui serait le meilleur. Ce plat maculé de taches noires qui, chaque vendredi, est extrait de son emballage, de ces pages froissées de la presse de boulevard, pour être déposé sur la table du dîner, suscite chez les sujets britanniques un sentiment de profond attachement qui a une longue histoire. Nourriture et souvenir, nostalgie et identification – tels sont les mots clés qui jouent un rôle décisif dans l'histoire de ce mets plutôt sans prétention.

Des voies commerciales plus nombreuses et rapides, l'invention de la conserve et, bien évidemment, l'industrialisation au fil de laquelle les denrées alimentaires sont toujours mieux réfrigérées, alors même que les distances se font toujours plus longues, sont autant de facteurs qui, tout au long de la seconde moitié du XIXe siècle, permettent à l'homme d'être toujours moins tributaire des produits saisonniers et locaux. La palette des denrées alimentaires accessibles s'élargit, y compris pour les plus modestes. La diversité nouvelle fait que des plats encore jamais vus, emblématiques d'une culture ou d'une catégorie de la

---

* Soit « Les manchettes du jour font les emballages de *fish and chips* de demain. » (*N.d.T.*)

population, font leur apparition sur les cartes des menus. Ces plats représentatifs d'une « sous-culture » sont dès lors produits en quantités toujours plus grandes à destination de ses membres. Le *fish and chips* était le plat de la *working class*, de la classe ouvrière. Il faut attribuer sa diffusion foudroyante dans tout le royaume au très florissant commerce intérieur du poisson et aux possibilités de transport nettement améliorées dont il bénéficie. C'est une réussite nationale : au début du XXe siècle, on comptabilise déjà vingt-cinq mille échoppes environ, la plupart étant de petites entreprises familiales, qui vendent uniquement du *fish and chips*. Pourtant, la recette du plat préféré des travailleurs britanniques est redevable, comme tant d'autres plats « nationaux », de l'échange culturel : ce sont des immigrantes juives venues du Portugal et d'Espagne qui ont apporté sur l'archipel le poisson frit. Quant aux bâtonnets de pommes de terre frits, les Britanniques les doivent aux Françaises ou aux Belges. Qui exactement a eu l'idée de marier les deux composantes ? La question reste encore ouverte aujourd'hui ; mais, dans les années 1860, le plat est déjà très prisé non seulement dans les quartiers ouvriers de Londres, mais aussi plus haut vers le nord, dans le Lancashire. L'Atlantique apporte à l'ensemble sa touche sauvage en y ajoutant du vinaigre et donc une composante acide-salée, que le train achemine de nuit, en même temps que les tonnes de poisson bien réfrigéré, de la côte vers la grande ville. Les créatures marines sont légèrement panées. Un bon coup de dent dans le poisson frit, et l'air chaud qui s'est accumulé sous la légère enveloppe extérieure se libère. La chair blanche se désintègre en doux fragments de substance odorante. Et avec cela les *chips*, dont on garde encore sur les lèvres, plusieurs heures après, l'âpre goût de graisse.

Bien sûr, les Britanniques ont déjà pour spécialité nationale leur *tea time*, qui fait office pour ce fier royaume de fort vecteur identitaire – c'est avec une tasse de thé entre les doigts qu'ils amènent jusque dans les colonies leur solide réputation de peuple le plus digne du monde. Mais, même si les femmes de ménage peuvent bientôt s'offrir elles aussi la boisson impériale, le rituel de l'*afternoon tea* trouve son origine dans les mœurs de l'*upper class*, de la classe supérieure, qui jouit de suffisamment de temps libre pour pouvoir s'adonner à ce genre d'aimable activité. Quel ouvrier d'usine pourrait donc, en plein après-midi, s'asseoir dans un confortable fauteuil pour savourer un thé et ces scones guère consistants ? En revanche, le poisson frit accompagné de pommes de terre croustillantes... Voilà bien un plat approprié, savoureux et bon marché ! Et, de fait, il emporte tout de suite l'adhésion de ceux qui se rebelleront un jour contre l'aristocratie, contre ses rites sclérosés et ses conventions, contre ses tasses vaporeuses et ses petits sablés.

Et c'est ainsi que, tout au long des deux guerres mondiales, durant lesquelles le ministère de l'Alimentation britannique rationne à peu près toutes les denrées alimentaires – œufs, sucre, confiture, viande –, l'approvisionnement en *fish and chips* ne s'interrompra jamais, en dépit même de l'augmentation spectaculaire du prix du poisson. Sans doute a-t-on craint alors d'entamer sérieusement le moral de la population en procédant autrement. C'est au moyen de camionnettes lui étant spécialement dédiées que le plat est livré dans tout le pays aux populations évacuées, les troupes stationnant dans les zones de guerre se voyant elles aussi livrer leur plat de prédilection. Et c'est sur ces vastes champs de bataille, entre tranchées et lignes de front, que les *fish and chips* connaissent de temps à autre leur apothéose en incarnant à eux seuls l'identité nationale du pays. Le plat permet de sauver des vies, et pas seulement parce qu'il est consistant. Les soldats britanniques utilisent leur mets préféré comme un nom de code, qui leur dit qui est un ami en territoire étranger : une unité britannique discerne au loin une autre unité, inconnue ; un cri résonne alors bientôt à travers le paysage dévasté : « *Fish !* » Un bref silence, une attente angoissée, et puis la réponse, libératrice : « *Chips !* »

Vers 1880

Des plats du nom de Bismarck, Empire allemand

Des villes qui se développent à une vitesse vertigineuse, des grands magasins ayant tout de temples, des épiceries envahies par l'arôme subtil du café et du chocolat, l'enthousiasme martial prussien et le mythe de la fondation de l'empire, éclipsant tout le reste : nous sommes à l'époque de la pleine floraison de l'Empire allemand. Une personnalité emblématique est alors adorée de tous : le chancelier impérial Otto von Bismarck, une armoire à glace aux bacchantes spectaculaires et qui montre un fort penchant pour les repas copieux. À l'apogée du culte de Bismarck, on donne son nom à toutes les choses possibles et imaginables, ainsi que le veut la pratique alors en vigueur de la vénération du héros moderne : à un pigment, à un archipel des mers du Sud, à des savons, des navires – et à de très nombreux plats.

Les nourritures ainsi anoblies du nom de l'homme d'État, et cela sans qu'on lui ait demandé son avis, ont probablement peu à voir avec les prédilections culinaires de Bismarck. Leurs points communs ? Une certaine propension hardie, typique de la cuisine du XIXe siècle, à recourir aux ingrédients lourds (après tout, « la graisse est le combustible de la machine corporelle », comme l'écrit Hedwig Heyl dans son « ABC de la cuisine » en 1888[1]), ainsi qu'une très raide masculinité teutonne. Un bel exemple en est le « chêne Bismarck », soit un biscuit roulé qui, grâce à une crème au beurre colorée de cacao et à d'autres ingrédients jouant les trompe-l'œil comme les pistaches ou les écorces confites, adopte la forme d'un chêne noueux recouvert de mousse dont le tronc à l'horizontale orne les vitrines des pâtissiers confiseurs. On élabore en outre un mode de préparation « à la Bismarck », de nos jours plutôt présent en Italie, et qui, à vrai dire, désigne seulement la pratique consistant à agrémenter un steak ou un filet grillé d'œufs au plat. Les « filets de sole à la Bismarck » ont à l'évidence plus grande allure. Ils sont garnis d'une farce de poisson truffée et accompagnés d'huîtres, de moules et de queues de crabe, ces créatures maritimes étant au final arrosées d'un mélange ultraléger de sauce au vin blanc et de sauce hollandaise. Dans la mémoire collective, seul le « hareng Bismarck », si précieux lorsqu'il s'agit d'effacer les traces de la désastreuse beuverie de la veille, n'a jamais intégré la liste de ces créations destinées à rendre hommage au chancelier à la poigne de fer.

Le XIXe siècle entier regorge de ce genre d'odes culinaires aux régents et hommes d'État couverts de lauriers. Pensons seulement au poulet marengo, qui doit son nom à une bataille victorieuse de Napoléon, et à sa riposte enveloppée dans de la pâte feuilletée au beurre qu'est le « filet Wellington », dédié au vainqueur de Waterloo. On raconte au sujet de ces deux plats, de même qu'au sujet des créations « à la Bismarck », des anecdotes en partie absconses. Leur véracité étant pour le moins douteuse, elles constituent d'excellents points de départ pour l'art prussien du bavardage volubile auquel, soir après soir, il est donné libre cours dans les salles à manger de l'aristocratie comme de la bourgeoisie. À en croire une légende, le filet Wellington aurait été servi pour la première fois dans la foulée immédiate de la victoire sur le champ de bataille, on l'aurait préparé à partir de la viande des chevaux montés, dans leur malheur, par les Français. On imagine sans peine ici un officier prussien réclamer avec délectation une part du triomphal *beefsteak*.

Donner à des plats les noms d'idoles politiques est aussi, d'une certaine manière, un acte d'appropriation et même d'incorporation : en préparant par exemple la sole à la Bismarck, en la servant sur table et, pour finir, en l'ingurgitant, on se rapproche d'une certaine manière de son héros, à hauteur de ventre pour ainsi dire. Aux alentours de 1880, on grave également dans le marbre de l'écrit les plats du nom de Bismarck, qui sont dès lors présentés dans les livres de cuisine. Ceux-ci s'adressent toujours plus à la bourgeoisie et non plus seulement, comme c'était le cas auparavant, aux cuisiniers professionnels travaillant auprès des cours princières. Un jalon particulièrement important et illustre de cette évolution est la première publication, en 1858, du livre de cuisine de Johann Rottenhöfer, intendant royal à la maison de Wittelsbach, à Munich, et qui, avec son *Initiation à l'art subtil de la cuisine*, traite explicitement de l'art culinaire en usage à la cour à l'intention des femmes au foyer de la bourgeoisie. Ses recettes de pâtisserie passablement délirantes – selon lui, il était possible d'édifier un arc de triomphe au complet en pâte à sucre dure et en amandes grillées – furent-elles réellement pratiquées dans les cuisines des logements sociaux munichois ? Il est permis d'en douter.

Si la Hedwig Heyl déjà évoquée plus haut a des manières un peu moins exaltées, on trouve également dans son ouvrage une flopée de plats pour le moins délicats à préparer et d'une parfaite opulence. Il y est question sur plus de huit cents pages de pâtés, de plats de gibier et de fruits de mer, et on y trouve même des instructions quant à la manière de préparer des crèmes glacées, les plats pour malades n'y étant pas plus oubliés (soupe au vin rouge, lait au cognac chaud et purée de cervelle de veau font un bien tout particulier aux patients alités). Mais, avant toute chose, Heyl, dans l'introduction à son recueil de recettes, élève la conduite d'un foyer bourgeois au rang d'exigeante vocation, les conquêtes les plus récentes à cette date de la science et de la technique ayant ici droit de cité. En cela, la cuisine de la bourgeoisie s'affirme et s'affirme comme telle, tout ce qui la séparait jusqu'alors de l'art culinaire de l'aristocratie s'estompant peu à peu. Et donc, en dégustant un hareng Bismarck au petit déjeuner et un poulet marengo au dîner, on se met lentement mais sûrement à marcher sur les pieds de la noblesse.

1882

Grève de la faim, Empire russe

Le rapport des hommes à la nourriture est extrêmement ambivalent. Boire et manger sont les seules choses dont a besoin le corps pour survivre et qu'il ne peut, dans le même temps, accomplir en toute autonomie, comme il sait respirer ou comme son cœur sait battre. La nourriture, il faut se la procurer, et l'ingurgiter. Au fil des millénaires, les hommes en ont fait l'expérience, et de douloureuse façon : lorsque la récolte est abîmée, lorsque les voies d'approvisionnement sont coupées par la guerre, ou lorsqu'on est tout simplement trop pauvre pour pouvoir s'acheter de quoi manger. Pour celui qui souffre bien involontairement de la faim, la nourriture devient un motif d'angoisse, de frustration désespérée, elle devient synonyme de malheur.

Dans le même temps, la nourriture est pour les plus chanceux un plaisir, synonyme de satisfaction corporelle et de passion. Manger rassasie, le corps s'en voit comme complété. Manger éveille des souvenirs et se fait en commun et donc crée du lien. Mais manger a aussi à voir avec le péché et la tentation – celui ou celle qui a accès à de la nourriture et qui montre néanmoins de la retenue à son égard fait preuve d'autodiscipline. Celui ou celle qui franchit une étape supplémentaire et décide d'avoir faim et peut-être même d'en souffrir en privant son corps de toute denrée alimentaire accomplit quelque chose de radical qui peut le ou la rendre malade mais qui peut aussi avoir une signification politique. « Nous sommes la dernière génération qui est encore en mesure de retarder l'irréversible catastrophe climatique. C'est pourquoi nous décidons de faire la grève de la faim sans nous fixer de date butoir. » Voilà ce qu'annonça publiquement en 2021 le groupuscule « Dernière génération ». Le refus déclaré en public de s'alimenter, la décision mûrement réfléchie de ne plus avaler quoi que ce soit devient un moyen de lutte politique.

La première grève de la faim visant à attirer l'attention sur des iniquités dans l'espoir d'y mettre fin se déroule dans une prison sibérienne. Nous sommes en 1882 : de nombreux prisonniers politiques sont enfermés à l'intérieur de minuscules cellules dans des conditions absolument indignes, ce qui les décide de se lancer dans la *golodofka*. L'explorateur nord-américain George Kennan traduit ce mot russe par *hunger strike*, grève de la faim, et c'est ainsi que cette expression devient peu à peu d'usage courant partout dans le monde. Kennan rend visite aux détenus en pleine grève de la faim, parce qu'ils en ont exprimé le souhait. Les reportages et les ouvrages qu'il consacre à son périple à travers la Russie ont un retentissement international et Kennan s'intéresse tout particulièrement à ses camps de détention – le porte-voix idéal donc, sans lequel une telle grève de la faim serait restée sans effet. « Ce que je ne parviens pas à comprendre, écrit Kennan dans ses carnets de notes, c'est pourquoi le pouvoir ne laisse pas ces prisonniers, qu'il traite autrement sans le moindre égard, mourir à petit feu, pourquoi il ne se débarrasse pas d'eux de cette manière. Lorsque les prisonniers politiques ont choisi pour moyen de lutte la grève de la faim et ont continué de la mener avec détermination, le pouvoir a cédé. C'est l'une des nombreuses contradictions dont regorge l'administration pénitentiaire russe. [...] Elle ne veut pas que les prisonniers politiques meurent volontairement de faim mais elle ne craint en rien de les laisser lentement moisir derrière les murs des cachots de leur forteresse[1]. » Et de désigner ce faisant le talon d'Achille du pouvoir, ce point sensible que vient toucher toute grève de la faim : une grève de la faim ne sera couronnée de succès qu'à la condition que ceux contre lesquels cette initiative est dirigée aient la responsabilité de l'approvisionnement de ceux qui refusent de s'alimenter.

Car le regard sur la faim se transforme radicalement aux alentours de 1900 : l'ère de l'industrialisation, grâce à ses innovations, a apporté dans de grandes parties du monde des solutions au problème de la faim, du moins en théorie. Jusqu'alors, la faim avait été interprétée en règle générale comme un châtiment divin ou encore comme témoignant de l'échec d'une personne individuelle. Désormais, il en va tout autrement : la faim devient une thématique sociale et la faim qui afflige les nations pauvres un enjeu humanitaire. Et dans les pays industriels, il incombe maintenant à l'État de garantir l'approvisionnement de ses citoyens. C'est pourquoi la grève de la faim ne se révèle efficace que dans les pays dont les habitants ne sont pas censés en règle générale souffrir de la faim – ou alors dans les pays, comme l'Inde du temps de Gandhi, qui sont placés sous le joug d'une puissance coloniale. C'est ainsi que la nourriture se voit politisée. Tout activiste qui refuse de s'alimenter représente pour l'État un dilemme. Cet État ne peut simplement pas laisser ses citoyens mourir de faim. L'alimentation contrainte et forcée au moyen d'une sonde nasale représente une première solution possible, peu empathique, à ce problème – une solution qui fut pratiquée jusque dans les années 1970 mais qui a été ensuite interdite, puisqu'elle est cruelle et inhumaine. À cela vient s'ajouter encore un autre paramètre : dans les pays où l'on apprécie de bien manger, où l'on peut choisir sur des rayonnages de plusieurs mètres de long des mets de première qualité et où l'on passe bien volontiers du temps dans d'excellents restaurants, le renoncement volontaire à la nourriture inspirera à beaucoup une réaction faite d'admiration incrédule. Ne pas s'alimenter relèvera à leurs yeux du martyre. Et les martyres politiques signifient toujours pour les puissants quantité d'énormes ennuis à venir.

Les suffragettes, qui au fil de leur lutte pour les droits des femmes sont régulièrement incarcérées, prennent ici le relais des prisonniers politiques du tsar : elles mettent à profit leurs méthodes et se réclament également d'eux en public. L'écrivaine et artiste écossaise Marion Wallace Dunlop est la première à le faire : après quatre-vingt-onze heures de grève de la faim, elle est remise en liberté. Les grèves de la faim des militantes féministes ont un effet proprement explosif. Ce sont surtout les effrayants récits des sévices qu'elles endurent – on les contraint en effet à s'alimenter – qui leur attirent sympathie et compassion des quatre coins du monde. Qui plus est, l'idée que des *ladies*, des dames appartenant à la bourgeoisie et ayant pour habitude de se retrouver pour le thé, puissent mourir de faim dans des prisons britanniques scandalise l'opinion publique : cette situation lui semble parfaitement inconciliable avec les valeurs humanistes modernes, si bien que le gouvernement n'a plus d'autre choix que de céder et les libérer. C'est ensuite au tour des prisonniers membres de l'IRA, l'Armée républicaine irlandaise, de refuser de s'alimenter – après s'être demandé avec inquiétude dans un premier temps si une grève de la faim ne représentait pas une forme de résistance trop féminine : le corps décharné, supplicié d'un gréviste de la faim leur semble tout d'abord trop étroitement associé aux suffragettes. Mais les nationalistes irlandais trouvent bientôt une solution à leur problème : les martyres du jeûne et les corps souffrants ne sont-ils pas aussi après tout des motifs profondément catholiques ?

Les révolutionnaires indiens Bhagat Singh et Jatindra Nath Das se réclament à leur tour, lors de leurs grèves de la faim, des actions couronnées de succès de l'IRA – le refus pour raisons politiques de s'alimenter est devenu un phénomène mondial. Le très « embarrassant » Mahatma Gandhi considère que ses nombreuses grèves de la faim sont partie intégrante du *Satyagraha*, cette conception de l'existence qu'il met en pratique et qui consiste en une recherche de la vérité et en la non-violence. Le refus de Gandhi de s'alimenter revêt diverses dimensions. À côté de ses grèves de la faim relevant de la grande action politique, Gandhi pratique aussi quotidiennement une stricte ascèse, n'ingurgitant presque exclusivement que des aliments crus, non assaisonnés. Une manière de tirer entièrement un trait sur tout ce que la nourriture peut avoir de séduisant et d'alléchant, le goût, auquel on ne résiste généralement pas et qui nous pousse à en vouloir plus. En se refusant à cette forme de plaisir, Gandhi s'efforce de se dominer – une maîtrise de soi aux connotations explicitement politiques, aussi. La résistance signifie réellement ici : résister à la tentation.

1883

Caviar roumain et filet de bœuf à la jardinière, entre Paris et Constantinople

C'est la nuit, les hôtes sont dans leurs lits douillets, emmaillotés dans des draps de soie. Une légère odeur de vernis et de cuir se fait sentir. Un fugace éclair de lumière vient balayer l'une des chambres, vaciller l'espace d'un instant au-dessus des Gobelins, sur les parois ; il vient illuminer un fauteuil recouvert de velours génois. Une longue trace y témoigne du fait que la douce étoffe a été caressée à contre-fil par un passager – l'un de ces privilégiés qui, émerveillés, voyagent pour la première fois. Plus d'un reste éveillé dans son lit, attentif aux vibrations et aux halètements monotones de la machine et aux heurts faibles et réguliers de la voie ferrée. C'est le voyage inaugural de l'Orient-Express. Au fil du trajet, de Paris à Constantinople, ces voyageurs occidentaux auront le sentiment de pénétrer dans une sorte de rêverie orientaliste (la dernière portion de l'itinéraire doit toutefois être accomplie en ferry et suppose de changer de train, faute de voies ferrées adéquates).

Le gong retentit, annonçant le dîner. Les voyageurs ont derrière eux une journée fort plaisante, qui a été passée à déjeuner copieusement, à causer autour d'un thé, à dépouiller la presse du jour dans la salle de lecture et, de temps à autre, à fumer seul chacun dans son compartiment. Le repas du soir est un autre temps fort de la journée. Des chandeliers au gaz à quatre branches sont suspendus au plafond, lambrissé quant à lui de bois tropicaux précieux. Les tables sont recouvertes de nappes d'une épaisse étoffe blanche sur lesquelles sont disposés des couverts en argent, des assiettes en porcelaine à liserés dorés et de très délicats verres en cristal. Tout cela plutôt massif et lourd afin de ne pas tomber sur le sol en cas de brusques secousses. Si un menu de dix plats est proposé à l'occasion de ce trajet inaugural, les passagers qui s'assiéront ensuite à ces tables y découvriront eux aussi, en parcourant un riche menu, des perspectives alléchantes. La Compagnie internationale des wagons-lits, qui exploite l'Orient-Express, édicte des règles très claires quant à la manière de présenter et servir les plats : les hors-d'œuvre ne doivent pas être déposés dans les assiettes trop tôt avant d'être servis sur table, un quart d'heure tout au plus avant, afin d'éviter qu'ils ne perdent leur très savoureuse apparence. Un poisson doit toujours être déposé sur l'assiette dans son entier. Pour ce qui est de la manière de présenter dans les assiettes les grandes pièces de viande : tout ce qui aura été détaché de la pièce principale avant que le plat soit servi devra également être présent dans ce plat afin qu'il ait une « fière allure ». Pour le dîner, les serveurs sont en frac bleu et doivent porter des gants blancs. La nourriture est partie intégrante d'une mise en scène soigneusement élaborée, chargée de faire oublier en douceur les oscillements des wagons sur les rails.

Transatlantiques somptueusement équipés, trains de luxe… Au XIXe siècle, on ne voyage pas seulement plus rapidement qu'avant, on voyage aussi avec une élégance inouïe. Le plus grand conteur de cette très confortable science-fiction est à coup sûr Jules Verne. Ses *Voyages extraordinaires* offrent, comme l'Orient-Express, un univers richement imagé. On y découvre par exemple trois gentlemen (et deux canidés) voyageant dans un projectile jusqu'à la Lune – dans une pièce fort agréable, aux murs capitonnés, comprenant un canapé circulaire et une cuisinière à gaz permettant à l'équipage de réchauffer ses bouillons de viande. On y sirote quelques verres du meilleur vin français tout en jouissant d'une vue imprenable sur l'étrange panorama de la galaxie. Toutefois, c'est avec le *Nautilus*, ce submersible qui évoque plutôt une maison de maître plongeant dans les eaux, vingt mille lieues sous les mers, que se donne libre cours l'incroyable passion de cette époque pour le mobilier. On y dîne dans une salle à manger que l'on pourrait tout aussi bien trouver, avec ses buffets en chêne massif, ses faïences, ses tapis de soie et ses tableaux aux murs, ainsi qu'avec sa table couverte de porcelaine fine et de couverts en argent, dans un immeuble parisien (on y sert du filet de tortue de mer et du foie de dauphin, le maître de maison se chargeant lui-même, au cours de ses plongées, du « gibier d'eau », à l'aide d'un harpon). C'est dans la bibliothèque, faite d'armoires à livres en bois de palissandre et aux ferrures en cuivre, que le capitaine Nemo et ses hôtes observent à travers une fenêtre panoramique aux rideaux bellement drapés un inquiétant calamar géant.

Mais revenons au réel, qui pourrait tout aussi bien être une fabuleuse histoire d'aventure : les convives pour le moins aisés de l'Orient-Express s'y voient servir des plats qui n'ont rien à envier à ceux qu'ils dégustent par ailleurs dans les meilleurs restaurants européens. Ici aussi, les repas font office de marqueurs d'un style de vie raffiné bien précis. Il y a des huîtres, du foie gras et des homards. En guise de plat de résistance, c'est un filet de bœuf à la jardinière qui est servi. Les plats de viande tendre, qui a été recuite à point dans le four à charbon de la cuisine de bord, sont présentés aux convives par les serveurs aux mains gantées de blanc. Avec cela, la très bigarrée garniture de légumes, tous découpés avec minutie et agencés avec art. Une place est tout de même réservée en cuisine aux contrées étrangères qui défilent sous les yeux des convives. Tout au long de ce voyage inaugural, chacun des pays que l'Orient-Express traverse voit l'un de ses mets emblématiques servi sur table : de l'esturgeon du Danube, du caviar roumain et, une fois la Turquie atteinte, c'est du riz pilaf subtilement parfumé au cumin qui se retrouve bien fumant dans les plats à légumes. Une manière de consommer une petite bouchée après l'autre ces étrangers qui, de temps à autre, de l'autre côté de ces vitres, peuvent se révéler menaçants – avant même que débute le périple, il a tout de même été conseillé aux voyageurs de prendre avec eux une arme, étant donné qu'au-delà des frontières de l'Empire austro-hongrois des attaques de train ne sauraient être entièrement exclues. Mais cet Orient sauvage demeure tout de même à distance, on file à travers les paysages au rythme infernal de 96 kilomètres à l'heure, emmitouflés dans un élégant cocon ferroviaire.

En cette seconde moitié du XIXe siècle, l'homme se voit confronté à un nombre sans précédent d'innovations technologiques et de bouleversements de son quotidien. L'atmosphère très cosy qui est évoquée ici, le confort exceptionnel de ce train d'un type radicalement nouveau, joliment décoré et réservant à ses usagers une nourriture gastronomique, est partie intégrante d'une stratégie que l'on pourrait qualifier de rassurement. La confortable atmosphère régnant dans ce genre de train doit servir à faire oublier toutes les manifestations d'une technique véritablement déchaînée, c'est là une sorte de sortilège aux effets sédatifs à base de bois de rose et de serviettes en damas. On passe à table pour se rassurer, ce qui ne peut qu'évoquer ces astronautes qui, un peu moins d'un siècle plus tard, s'envoleront effectivement dans l'espace, désirant alors avant tout retrouver dans les sachets en plastique contenant leur nourriture pour cosmonautes déshydrogénée des plats familiers du type soupe de poule et spaghetti à la sauce de viande hachée – autant de soutien psychologique en apesanteur.

Le confort et les menus exquis de l'Orient-Express ne sont tout de même pas seulement nostalgie pure, bien qu'ils nous semblent en relever vus d'aujourd'hui. De même que le *Nautilus*, derrière les fenêtres panoramiques duquel on pouvait observer le calamar géant évoluer dans les fonds marins, et qui accueillait un musée des coquillages – lesquels, s'ils se montraient d'une inquiétante étrangeté vus depuis ces fenêtres, resplendissaient de façon parfaitement inoffensive dans leurs vitrines –, l'Orient-Express représente plutôt une manifestation triomphante de conquête, la victoire de l'élégance civilisée, la supériorité absolue de l'homme moderne. Comme on le sait, ce mixte d'innovation visionnaire et de décorum excessif connaîtra une douche froide cauchemardesque avec le *Titanic*, ce super-navire né de l'hubris humaine qui, soudain, vint percuter violemment un iceberg en s'y déchirant le flanc avant de couler à pic dans les eaux glacées avec le monceau de jolies choses qu'il contenait, comme dans un scénario de fin du monde. Peu avant le désastre, on avait à bord ingurgité des huîtres, du foie gras et un tendre morceau d'aloyau.

Vers 1900

Sandwich au pastrami, États-Unis

Il y a ce récit de Roald Dahl, intitulé « Pig » (« Le Cochon ») : un jeune garçon, né à New York, a perdu ses parents alors qu'il n'était encore qu'un nourrisson, raison pour laquelle une vieille tante, parfaitement excentrique, le prend sous son aile. Cette tante mène une vie d'ermite dans une maisonnette, au pied des Blue Ridge Mountains. C'est une végétarienne stricte et elle signifie au jeune garçon, en recourant à une très ardente rhétorique, à quel point il serait affreux qu'il goûte à la viande. Le jeune garçon grandit, il devient un cuisinier talentueux, un cuisinier végétarien visionnaire. Alors qu'il n'a qu'une dizaine d'années, il sert sur table des soufflés à la châtaigne, des côtelettes de maïs, des omelettes au pissenlit et de brûlantes tartes aux aiguilles de sapin. Alors qu'il est âgé de 17 ans, sa tante meurt soudainement. Le jeune garçon, qui a vécu jusqu'ici retiré du monde, doit partir pour la grande ville. Il y est engagé dans un petit restaurant, quelque part dans Manhattan. On lui sert à manger la seule chose encore en réserve dans la cuisine crasseuse : du rôti de porc avec du chou. Quelques bouchées suffisent à chambouler le jeune homme : jamais il n'avait goûté une chose aussi délicieuse ! Le serveur amène notre héros au cuisinier. Interrogé par le garçon au sujet du plat qu'il vient d'avaler, le cuisinier lui explique alors avec malice qu'il devait probablement s'agir de porc – mais qu'il lui est impossible de répondre de façon catégorique à cette question dans la mesure où la viande est toujours directement livrée de l'abattoir. Le jeune homme pouvait visiter celui-ci s'il le souhaitait, l'entrée y était libre. Nous retrouvons, peu après, notre jeune garçon dans la cour d'un gigantesque bâtiment en briques, une odeur lourde, écœurante, y régnant partout. Et d'observer comment les porcs sont enchaînés par les pattes, puis tractés à la verticale au moyen d'un câble roulant avant de disparaître de sa vue. Soudain, c'est au jeune garçon lui-même d'être enchaîné aux chevilles avant d'être soulevé par la même machinerie. Le voilà en train de s'élever, toujours plus haut, suspendu à son câble roulant, tout en poussant des hurlements de panique, avant d'être dirigé droit vers le boucher. Qui salue amicalement le jeune garçon avant de lui trancher prestement la carotide avec un grand couteau. L'histoire se termine par la description d'une gigantesque marmite remplie d'eau bouillante dans laquelle est plongé le sanguinolent bétail équarri.

Le récit de Dahl laisse quelque peu perplexe, avant tout en raison de sa brutalité absurde. Mais il met le doigt sur un certain nombre de points auxquels est confrontée une société consommatrice de viande (du moins lorsqu'elle est ouverte au débat critique). En premier lieu – qu'est-ce exactement que cette viande qui vient de l'abattoir ? Ce n'est certes pas encore pour tout de suite de la chair humaine, mais ce que nous allons chercher dans la vitrine réfrigérée du supermarché, ce rectangle rose pâle marbré soigneusement enveloppé dans de la cellophane, est sur le plan visuel comme émotionnel tout à fait détaché de la créature vivante qui a été tuée pour aboutir à ce résultat. « Ce n'est pas la mort qui est étrange et inquiétante mais le fait qu'elle est invisibilisée dans l'usine », écrit Christian Kassung[1]. L'instant où l'animal devient de la viande demeure un angle mort pour la plupart d'entre nous.

La croissance exponentielle de la population mondiale au XIXe siècle fait que la consommation de viande explose littéralement. Partout, de monstrueuses usines sortent du sol, dans lesquelles évoluent péniblement des armées entières de travailleurs ; en ce temps-là, on est fermement convaincu que les ouvriers d'usine doivent manger beaucoup de viande, exactement comme une machine se nourrit de combustible, afin de fonctionner comme il convient. On a donc besoin d'encore plus de viande, d'une viande bon marché, qui est retraitée pour être mise en conserve, adopter la forme de cubes de bouillon ou d'extraits de viande – autant de protéines et de graisse que possible, compressées dans de petites formes à destination de personnes n'ayant pas le temps de cuisiner. C'est le début de l'élevage de masse, des gigantesques abattoirs et du retraitement industriel de la viande. Tout cela a d'abord des conséquences catastrophiques sur le bien-être des animaux. Ce moment marque aussi le début de la protection animale organisée. L'Angleterre fait ici office de pionnière, et c'est en 1882 qu'y est adoptée la première loi sur la protection animale, censée préserver des mauvais traitements les chevaux, les moutons et le gros bétail. C'est à cette époque que se multiplient les associations bien décidées à mettre un terme au calvaire des animaux. Pour la première fois, l'homme du nouveau monde industrialisé prend conscience de la responsabilité qui lui incombe pour ce qui touche à son alimentation.

Pour certaines communautés, cela n'a rien d'une idée neuve. La pratique de l'abattage, qui est ancrée dans les traditions millénaires du judaïsme, par exemple, accorde une importance toute particulière, à côté de divers aspects de l'hygiène, au respect pour l'animal. La *shehita* est l'unique méthode d'abattage en vigueur dans le judaïsme : il s'agit d'infliger à l'animal une seule et unique incision continue, on lui tranche net la trachée et l'œsophage, de manière à le plonger tout de suite dans l'inconscience. Le couteau qui est alors utilisé doit être parfaitement aiguisé, et le boucher, ledit *shoshet*, doit avoir suivi au préalable une formation rabbinique. Les Juifs ont pratiqué tôt cette méthode d'abattage, alors que, pendant des siècles, d'autres communautés se contentaient de battre à mort les animaux, de les caillasser, de les poignarder ou encore de les noyer. Vers 1900 encore, alors même qu'une loi impose de longue date d'endormir les porcs avant de les abattre, par exemple, ce type de procédés, pourtant obligatoires, n'est en rien systématiquement pratiqué. On s'efforce en ce temps-là de faciliter l'abattage de masse au moyen d'un appareillage garantissant une anesthésie immédiate et indolore mais ces efforts sont encore loin d'être concluants, si bien que, dans les grands abattoirs, on a toujours recours à la massue, alors même que les bouchers ne savent pas tous la manier comme il conviendrait de le faire. (L'anesthésie la plus rapide possible est ce point sensible autour duquel gravitent en permanence les débats consacrés à un abattage respectueux des animaux. De nos jours, l'abattage sans anesthésie préalable est interdit, si ce n'est dans quelques cas faisant exception. Vers 1900, toutefois, la situation était tout autre.)

Mais retournons à New York : au tournant du siècle, les Juifs y représentaient presque 30 % de la population. La moitié ou presque des boucheries étaient dirigées par des Juifs. Dans le Lower East Side, les nombreuses librairies juives côtoyaient un grand nombre de boulangeries et de restaurants casher. Et dans les entreprises familiales, qui perdurent encore aujourd'hui, comme *Katz's Delicatessen*, c'est une véritable culture de la viande qui était très consciemment entretenue. Le terme « casher » signifie que la viande en question doit répondre à des standards particulièrement nombreux. C'est dans le plus grand recueillement que l'on découpe les tranches de pastrami, à partir de la poitrine ou de l'épaule du bovin qui a été abattu conformément au rituel prescrit. La pièce de viande a été préalablement salée, roulée dans une saumure épicée et poivrée, à laquelle ont été ajoutés des aromates aussi intensément âpres que la muscade et le clou de girofle. La viande est ensuite fumée. Les tranches couleur rouge vif, très fines, évoquent une sorte de matière en filigrane que l'on aurait déposée dans les assiettes. Mais même le très classique rôti du dimanche des familles non juives, tel qu'il est par exemple savouré dans cette autre ville, fort éloignée de New York, qu'est Berlin, n'a rigoureusement rien à voir avec les extraits concentrés issus de l'industrie de l'élevage bovin. Le rôti qui est servi à l'occasion de l'unique jour de repos de la semaine est préparé avec grand soin et avec peine, un morceau de viande bien précis a été acheté à cet effet chez le boucher-charcutier.

Déjà, à l'époque où les abattoirs industrialisés faisaient leur apparition, une nette différence pouvait se constater entre la consommation de viande de moindre qualité et une attitude plus réfléchie à l'endroit du produit. Mais il demeure qu'une créature vivante a été abattue pour que de la viande soit produite – et, dans le même temps, ce fait est encore et toujours subrepticement occulté. L'éternelle contradiction des sociétés consommatrices de viande.

Vers 1900

Petit noir, monarchie austro-hongroise

À Vienne, on ne boit pas le café tout prêt, on le prépare. C'est dans les cafés qu'on le torréfie, chaque machine à café ayant son propre mélange secret. On le verse, finement moulu tel de la poussière de couleur sombre, dans de l'eau bouillante, et on le fait porter à ébullition tandis que son arôme se répand tout autour. Le café chaud est versé dans des cafetières en porcelaine. Les petits pots blancs se bousculent les uns les autres dans un bain-marie fumant, jusqu'à ce que le moment vienne de les faire entrer en action. Le garçon va au-devant du client sitôt celui-ci entré dans l'établissement avant de le conduire vers l'une des tables rondes en marbre. Quelques gentillesses de la part du serveur, qui salue l'invité avec componction, en combinant les manières d'un majordome et celles d'un maître de maison, son nœud papillon noir se détachant tel un papier découpé du blanc immaculé de la chemise. Et de lui tendre ensuite une palette de couleurs présentant toutes les nuances du brun. D'un beige presque diaphane jusqu'à diverses nuances de noisette et, pour finir, un noir d'une profondeur insondable, en passant par un ton caramel chaud. Le client désigne du doigt la couleur souhaitée, le garçon s'éloigne. C'est son piccolo qui apporte la boisson fumante telle que le client l'a commandée, autant dire avec les proportions de café et de lait désirées, le sucre vient en plus, la tasse en porcelaine trône sur un petit plateau en argent. À ses côtés, un verre d'eau de source viennoise. Et ensuite on laisse le client tranquille. C'est avec un sourire de contentement qu'il disparaît alors derrière un mur de papier journal laissant échapper des bruits de froissement et faisant écran entre les autres clients et ses pensées vagabondes.

« C'est dans les cafés que viennent s'asseoir ceux qui veulent être seuls mais qui ont en même temps besoin d'une société », écrit Alfred Polgar[1]. Le café viennois, un condensé de la vie moderne : une aspiration à l'isolement et à l'individualité alors que la foule humaine gagne constamment en densité autour de soi. Le café est cet endroit où se fonde la communauté des solitaires. On s'y restaure aussi, mais pas sur le mode du grand repas convivial. On y avale des bricoles, une collation : des saucisses de Strasbourg ou deux œufs dans un verre que l'on touille au moyen d'une petite cuillère, ils sont à l'intérieur d'une grande douceur, d'un goût beurré et leur blanc fond sur la langue. Des bâtonnets de sel, des petits pains, une brioche ou des croissants au beurre auxquels on peut très bien réserver un sort d'une seule main tandis que l'autre tient fermement le peu commode manche en bois auquel est accroché le quotidien du jour. À la fin du XIXe siècle, dans les pâtisseries, on se délecte de tartes et de suaves entremets sucrés, alors qu'au café on sirote la boisson du même nom – et c'est ainsi que les heures passant on savoure le passage du temps et l'existence.

Dès le XVIIe siècle le café déferle sur l'Autriche, en provenance de Turquie – c'est à partir du milieu du XVe siècle qu'on le boit sur la péninsule Arabique, mais l'Empire ottoman s'y convertit peu après. Trois choses vont contribuer à faire du café viennois une institution, qui connaît son apogée à la fin du siècle : premièrement, le billard, au départ pratiqué sur d'imposantes tables de jeu solidement vissées au sol et qui font retentir une clochette lorsque la boule tombe dans un des trous. Deuxièmement : à Vienne, le café, contrairement au très fort moka turc, est préparé, on le débarrasse de son marc et on le mélange à du lait et du sucre. Cette étreinte d'une suave douceur a quelque chose de chargé mais aussi d'allègre, ce qui à l'évidence plaît aux Viennois – et c'est là sans doute ce qu'ils préfèrent. Le troisième élément, qui est aussi le plus important, la vraie recette à succès, ce sont les quotidiens internationaux du jour, généreusement mis à la disposition de la clientèle. Ils s'étalent sur les chaises, les tables et les portemanteaux tels des chats en papier somnolents. Des heures durant, les clients restent assis penchés sur leurs journaux, les tasses de café entre leurs doigts rendus grisâtres par la fréquentation des pages imprimées. Des heures durant, ils se perdent muets et immobiles dans toutes ces nouvelles et toutes ces histoires qui se déroulent là-bas, dehors, à l'extérieur. Mais ces lieux que sont les cafés ont aussi accueilli des innovations, l'apparition du design industriel par exemple : ce sont les frères Thonet qui inventent la chaise numéro 14, dont le dossier est fait de deux cintres aux courbes gracieuses, rendues possibles par la nouvelle technique du bois massif courbé. L'incarnation même de la chaise de bistrot facile à manier se retrouve bientôt dans tous les cafés. Elle peut être démontée en six parties, conçues pour être expédiées de la façon la plus rationnelle qui soit, et être remontée partout aussi facilement. Produite en masse, elle se retrouve dans les bistrots parisiens mais aussi dans les cafés qui, sur le modèle viennois, font leur apparition dans tout l'Empire austro-hongrois. Dans la moindre petite ville hongroise, on trouve ainsi un café viennois rempli de chaises Thonet et de petites tables en marbre – autant de lieux vitrés imprégnés de l'arôme du café où l'on pénètre comme dans un autre monde, en passant peut-être devant l'un de ces gigantesques miroirs aux dorures rococo, histoire de s'imaginer plusieurs heures durant que, au-delà du mur extérieur lambrissé de bois, d'élégants fiacres passent en cliquetant sur les boulevards. Le bord de la tasse comme horizon au-delà duquel commence l'imagination.

La chaise numéro 14 est faite pour siroter du bout des lèvres le fameux mélange, pas pour des repas plantureux. Elle est légère et aisément maniable, on peut s'en emparer vite fait et elle peut être transportée d'une table à l'autre : ce lieu qu'est le café est constamment pris dans un mouvement. Dans la Vienne du XIXe siècle, les commerçants donnent rendez-vous à leurs partenaires en affaires et à leurs collègues dans « leur » café, une entrevue au comptoir est en revanche considérée comme de l'épate. Mais c'est avant tout la bohème qui s'y crée son propre univers, qui y discute, s'y querelle, y observe. La gent littéraire viennoise y fait partie des meubles ; au tournant du siècle, les grands noms de la littérature écrivent attablés aux petites tables en marbre : Karl Kraus, Hermann Bahr, Arthur Schnitzler, Hugo von Hofmannsthal, Franz Werfel, Joseph Roth, Robert Musil, Egon Friedell. Un petit noir suffit comme ticket d'entrée pour y passer la journée entière. Leur littérature porte fréquemment la trace du rythme trépidant des portes de ces établissements constamment en train de battre, des clients rôdant dans les travées, des conversations, des allées et venues d'inconnus et de profils familiers, des « Garçon ! » lancés à tue-tête. Le poète Peter Altenberg, qui, sur sa carte de visite, mentionne pour adresse personnelle le superbe *Café central*, sis dans le premier arrondissement, restitue dans son style télégraphique cette atmosphère faite d'images fugaces : « Disque phonographique. (Société anonyme Deutsche Grammophon) C 2-42 531. *La Truite* de Schubert. Filet d'eau de montagne, transposé en musique, clair comme le cristal, murmurant entre roches et sapins. La truite, ravissant carnassier, gris clair, moucheté de rouge, guettant sa proie, marquant l'arrêt, dérivant, filant d'aval et d'amont, disparaissant. Grâce dans la soif meurtrière[2] ! »

Et donc on finit par se lever de sa petite chaise à un moment ou à un autre, laborieusement. Le garçon prend cérémonieusement congé. La caissière de siège attend à la sortie, retranchée derrière sa caisse aux bruyants cliquetis (jusqu'au milieu du XIXe siècle, elle est la seule et unique femme employée dans ce type d'établissement). Elle encaisse sévèrement les quelques pièces de monnaie à acquitter pour les petits noirs, et c'est ensuite la confrontation avec le vaste monde. Mais bientôt c'est le soir et déjà vient l'heure d'y retourner.

1917

Marmelade de rutabaga, Empire allemand

La Grande Guerre. Première césure brutale dans le XXe siècle. L'année 1917 fait prendre conscience aux Allemands d'un paradoxe de taille : d'un côté, les voilà impliqués dans une guerre d'un type entièrement inédit, une guerre du futur, qui a recours aux technologies militaires les plus avancées mais avant tout aux techniques de communication les plus récentes. C'est par téléphone que des commandants penchés sur leurs cartes à bonne distance du front transmettent leurs ordres, et c'est à travers tous les canaux de communication possibles et imaginables – téléphone de campagne, radio ou télégraphe – que les nouvelles sont désormais reçues. « Prudence, l'ennemi intercepte ! » est-il écrit sur chaque téléphone – un rappel constant d'une menace certes insaisissable mais d'autant plus inquiétante : celle d'une surveillance des canaux de communication.

Mais, d'un autre côté, l'année 1917 témoigne également de tout autre chose : l'homme ne peut survivre sans un approvisionnement suffisant – ce qui a toujours été le cas depuis qu'il est apparu sur terre –, et que cet approvisionnement peut être interrompu plus rapidement qu'on ne le pense, en raison de décisions malavisées, de mauvaises conditions météorologiques, ou encore d'un énigmatique chaos organisationnel. Et l'on se retrouve alors soudainement renvoyé à un stade que l'on croyait avoir dépassé grâce à l'industrialisation.

C'est alors la chose suivante qui se produit : l'Empire allemand se précipite tête la première, au milieu de l'euphorie la plus totale, dans une guerre apocalyptique, sans disposer pour autant de quelconques réserves dignes de ce nom. Jusqu'à la déclaration de guerre, les Allemands nourrissent leurs porcs (qui ne manquent certes pas) avec de l'orge, qu'ils doivent importer de Russie – qui, désormais, est une ennemie. Les porcs manquant assez vite de nourriture, et les autres réserves tirant elles aussi vers leur fin, le Bureau impérial des statistiques juge dans ces conditions pertinent d'en abattre cinq millions et de mettre toute cette viande en conserve (les chiffres des statisticiens qui ont conduit à émettre cette proposition résultent pour leur part de renseignements en partie erronés, donnés par des paysans qui, craignant de devoir céder pour rien leurs pommes de terre à la mère patrie, ont sous-évalué leurs stocks). Mais le métal étant accaparé par l'industrie de l'armement, il n'y a plus que des boîtes de conserve faites d'un matériau de moindre qualité. Une grande partie de ces réserves de viande s'avarie donc, les animaux de boucherie devenant quant à eux, après cet abattage de masse, une marchandise pour le moins rare. Et puis c'est l'engrais nécessaire aux pommes de terre qui vient à manquer : on l'importe ordinairement du Chili mais le blocus maritime britannique l'empêche justement d'arriver à destination. Par ailleurs, en cet automne 1916, il ne s'arrête plus de pleuvoir. Les rares pommes de terre pourrissent dans le sol détrempé. Afin qu'un minimum d'approvisionnement puisse être assuré, un appareil bureaucratique d'une parfaite rigidité s'efforce de redistribuer les quelques stocks reçus des pays alliés et occupés, mais seulement de façon ponctuelle.

Au final, ne reste plus sur le territoire allemand qu'un produit dont la culture se révèle peu exigeante, un produit qui pousse dans tout le pays et auquel chacun peut donc avoir accès. Il est riche en vitamines, même s'il est hélas pauvre en calories. Cette denrée alimentaire, on la considérait jusque-là bonne pour les cochons : elle dégage une mauvaise odeur lorsqu'on la fait bouillir et son goût est amer quand il n'est pas répugnant. Personne ne veut en manger et pourtant seule cette denrée pourra sauver la population de l'inanition : je veux parler du rutabaga. Cette situation de départ peu prometteuse a toutefois une vertu : elle invite à redoubler de créativité, comme en témoignent d'innombrables ouvrages de cuisine publiés en ces temps de guerre. Lorsqu'il n'y a plus le choix et qu'il faut bien manger le puant rutabaga, alors vient le moment d'inventer d'infinies variations dans sa préparation. Quand le manque invite fermement à une diversité qui, de temps à autre, se révèle parfaitement absurde.

« Lorsque la population citadine n'a plus d'autre choix que de préparer le rutabaga comme elle l'entend, le dédain qu'inspirait jusqu'alors ce légume disparaît peu à peu », déclarent des affiches gouvernementales qui, à la fin de l'automne 1916, surgissent un peu partout dans les villes. Une phrase suivie – ironie du sort – de quelques explications au sujet des piteuses récoltes de pommes de terre de cette année-là. Cent cinquante ans plus tôt, personne dans le pays ne voulait cultiver des pommes de terre, jusqu'à ce qu'une famine pousse subitement la population à changer d'opinion à leur sujet. Et voilà désormais qu'on ne jure plus que par les pommes de terre, en rejetant le rutabaga. Alors même que le spectre de la famine fait son retour… Et l'affiche gouvernementale de poursuivre ainsi : « Il s'agit maintenant pour cette raison de manger du rutabaga, qui met du temps à pourrir fortement et à perdre de sa saveur. On le conservera et on le gardera au sec en prévision du printemps, pour la choucroute et pour l'utiliser comme légume sec. » Et en guise de conclusion, un énième appel plein d'espoir : « En ce cas aussi, les braves femmes au foyer allemandes ne manqueront pas de le faire. »

Eh bien, soit. En plus de la choucroute et des légumes secs, on peut bien sûr faire d'autres choses avec le rutabaga : de la soupe, une salade, des galettes de pomme de terre, des boulettes, un soufflé et même des bonbons. Ou combiner du rutabaga légèrement cuit et de la choucroute, celle-ci n'étant certes rien d'autre que du rutabaga râpé que l'on aura longtemps laissé mariner dans du vinaigre – voilà bien un plat végan, concocté à partir d'un produit local dans deux textures différentes. Au lieu d'un sandwich, les enfants grignotent des rutabagas. Le matin, de la soupe au rutabaga ; au déjeuner, des côtelettes de rutabaga ; et au dîner, des gâteaux au rutabaga. On peut aussi effectivement râper le rutabaga, le sécher au four et le moudre en utilisant un moulin à café. Et, ma foi, du café on en disposera ainsi déjà. Une autre solution peut consister à ne pas le moudre en entier, moyennant quoi on pourra le fumer directement à la pipe.

Et tandis que les rutabagas cuisent au four, mijotent dans la casserole et se mettent à bouillir dans les petites cafetières, on passe au hachoir quatre livres de rutabagas ainsi que trois oranges et un citron, pour autant qu'on en trouve, et on réduit le tout avec du sucre et de l'eau jusqu'à en faire de la marmelade. « On peut améliorer la marmelade en y ajoutant du jus de fruits », conseille l'auteur anonyme de cette recette. Et c'est ainsi que nous en arrivons à l'aspect peut-être le plus avantageux du rutabaga, car le tubercule peut adopter presque tous les goûts lorsqu'on le fait bouillir et mariner. Lorsqu'on le fait bouillir avec quelques pommes, on obtient une belle compote de pommes. Lorsqu'on le fait bouillir avec du céleri ou avec des carottes, c'est du céleri allongé ou des carottes allongées qu'on pourra savourer.

Le méchant rutabaga, un miracle d'imitation culinaire. Et pourtant, l'« hiver du rutabaga » demeure pour des millions d'Allemands un véritable traumatisme. Moins de trois décennies plus tard, la même odeur charbonneuse de betterave envahira les logements bombardés et fera remonter le trauma à la surface de la conscience. La nourriture peut aussi relever du souvenir douloureux.

Vers 1920

Menu du jour, république de Weimar

« Depuis 1922, [ce bâtiment] est utilisé comme restaurant universitaire. Il satisfaisait probablement aux besoins de l'époque. Aujourd'hui, nous pouvons nous targuer de posséder le restaurant universitaire le plus ancien et le plus mauvais d'Allemagne. » C'est ainsi que débute une pétition adressée en 1959 au ministre allemand de l'Intérieur, elle est signée par les étudiants de l'université Georg-August de Göttingen, qui ont su trouver des mots d'une parfaite clarté pour évoquer l'état proprement insupportable du restaurant universitaire local. On n'y comptait que trois cent cinquante places environ alors que l'université accueillait désormais presque deux mille sept cents étudiants. « D'interminables queues d'étudiants affamés se forment devant le bâtiment et les guichets de distribution de nourriture... » Mais encore : « Les conditions de travail des malheureuses femmes qui, au sous-sol, épluchent quotidiennement – dimanche compris – de 10 à 15 quintaux de pommes de terre n'ont probablement pas besoin d'être commentées plus avant... » Et le texte d'évoquer, après quelques lugubres descriptions supplémentaires, la configuration des lieux : « La structure n'est pas en mesure de servir les très nombreux repas qu'elle devrait assurer. L'approvisionnement ne fonctionnant que de manière très relative, de nouveaux efforts doivent être constamment fournis, le personnel est contraint de faire des heures supplémentaires et il faut au personnel comme aux étudiants [...] beaucoup de courage. La nourriture est tout de même souvent critiquée par les étudiants, tout autant que le cadre dans lequel ils doivent l'ingurgiter. La critique est parfaitement justifiée[1]. »

Depuis toujours, ces membres à part entière de la société que sont les étudiants méritent d'être encouragés et ont besoin de l'être, puisqu'ils n'ont généralement guère d'argent, accaparés comme ils le sont par leurs études. C'est pourquoi il existait en Allemagne jusque dans les années 1920 ce qu'on appelait les « tables gratuites », autant de lieux où il était possible de se restaurer sans débourser un centime. Ces endroits étaient financés par des fondations ou des bienfaiteurs privés et on en trouvait un peu partout : dans les murs de centres sociaux, dans des cafés-restaurants... De grandes familles aisées tenaient également table ouverte dans leur salle à manger, où des étudiants étaient régulièrement accueillis. Cela épargnait d'emblée à beaucoup de se demander avec inquiétude comment se procurer à manger. Puis vinrent les restaurants universitaires, la ville de Göttingen ayant ici été pionnière. Dans ces lieux, les étudiants pouvaient non seulement se restaurer à bas prix, mais aussi échanger entre eux et se détendre. Le « menu du jour » est un menu tout à fait substantiel quoique prédéfini, composé d'une soupe, d'un plat de résistance et d'un dessert ; sa composition exacte est un sujet perpétuel de discussion. Après deux guerres mondiales, il faut sérieusement requinquer des étudiants qui, bien souvent, ont combattu sur le front : il s'agit de lutter contre les conséquences d'une malnutrition sévère et d'une mauvaise alimentation mais aussi contre des maladies graves. En ce temps-là, le restaurant universitaire sert aussi souvent de pièce commune où se réchauffer. Plus tard, les œuvres étudiantes, à qui incombe également la prise en charge sanitaire de cette population, ne peuvent que constater le fort contraste existant entre l'activité intellectuelle soutenue de ces étudiants et la pauvreté relative de leurs activités physiques. Comment nourrir les têtes sans que les ventres se plaignent outre mesure ?

Le restaurant universitaire devient une sorte de sismographe permettant de mesurer dans les rangs de la population étudiante les répercussions des ébranlements politiques et sociaux. La lettre adressée au ministre de l'Intérieur ne relève donc en rien du dénigrement gratuit ou de la simple déploration d'une carence spécifique à un lieu – le manque de places dans une cantine. Elle est aussi et surtout un document historique témoignant de la politisation croissante de ce groupe social. À Göttingen, les étudiants se politisent : alors qu'ils avaient été jusque-là traditionnellement très conservateurs, beaucoup montrent désormais une sensibilité de gauche, devenant au fil de cette évolution toujours plus critiques et impliqués dans la vie publique. De mauvaises langues pourraient naturellement donner une tout autre interprétation de la situation et avancer que, si les étudiants de Göttingen développèrent une allergie à l'iniquité, ce fut surtout en raison de la piètre qualité de la nourriture qui leur était servie.

C'est au cours des années 1960 que les restaurants universitaires sont transformés et réformés, le nombre des étudiants grimpant alors littéralement en flèche. Cette institution ne cesse de gagner en proportion, jusqu'à devenir une énorme usine dédiée à l'alimentation de la communauté étudiante, une usine qui ne doit de fonctionner encore qu'à son automatisation croissante : les tapis roulants, les décortiqueuses et découpeuses dédiées aux indispensables quantités astronomiques de pommes de terre et de légumes font leur entrée. Alors que, dans les années 1950, on trouvait encore dans les restaurants universitaires des tables recouvertes de nappes blanches et des serveurs en livrée, tout est désormais conçu dans ces lieux de façon fonctionnelle et à l'aune du principe suivant : chacun, désormais, doit se servir lui-même. Ceux qui sont chargés de la conception de ces lieux se soucient toutefois d'éviter une chose : que le public concerné ait le sentiment d'avoir affaire, tel un troupeau, à une simple activité de « restauration » de masse, raison pour laquelle nombre de ces nouveaux restaurants universitaires, qui en vérité ont tout de hangars, sont subdivisés, cloisonnés afin de donner l'impression de dimensions plus « humaines », moins industrielles.

À la fin des années 1960, alors que les manifestations et les émeutes sont à l'ordre du jour, le spécialiste en psychologie sociale Alexander Mitscherlich conçoit un projet modèle de restaurant universitaire pour l'université de Brême. À ses yeux, un établissement de ce type doit échapper à l'organisation hiérarchique. Mitscherlich imagine un campus idéal où toutes les personnes étudiant et travaillant sur place se rencontreraient sur un pied d'égalité, en se montrant constamment ouvertes à un échange spontané entre disciplines. De surcroît – et c'est là une idée quasi révolutionnaire –, il importe à ses yeux d'ouvrir sur l'extérieur la très fermée petite société savante et donc de donner aussi accès au restaurant universitaire aux autres catégories de la société : là encore, des valeurs conservatrices sont mises à bas au nom d'une démocratisation antiautoritaire à laquelle la génération 68 souscrira pleinement. Et une fois encore : c'est autour de la nourriture que gravitent les réflexions et les controverses d'une communauté dont les membres se retrouvent en permanence à de mêmes tablées communes.

C'est au restaurant universitaire et autour de ses menus que l'on peut observer la politisation du monde académique, la manière dont cet univers façonne son identité mais aussi ses convictions et ses modes. C'est ainsi que le restaurant universitaire de la ville d'Augsbourg propose, au cours de l'été 1984, une première « semaine des aliments diététiques » à l'occasion de laquelle sont également servis des plats végétariens. Quant aux très frimeuses années 1990, elles sont synonymes d'internationalisation à tout crin – les rails pour plateaux des cantines universitaires ploient sous des assiettes remplies de filets de poulet « Café de Paris », de côtelettes de porc « à l'américaine », d'« émincés chinois » et de « plats de riz à la mexicaine ». Dès la fin de cette décennie 1990, c'est l'irruption de l'« éco-menu », ce menu composé de produits biologiques locaux. En 2016, une nouvelle action politique se réclamant de la protection de l'environnement fait soudain beaucoup parler d'elle : c'est à Fribourg qu'un certain nombre d'étudiants se regroupent autour d'un nouveau mode opératoire, on les appelle les « Bänderer », en référence à cette bande automatique sur laquelle glissent en s'entrechoquant, une fois le repas terminé, les plateaux et, posés sur eux, les restes du repas et autres déchets. Tels des « récupérateurs culinaires », ces activistes s'emparent des assiettes contenant les aliments restés intouchés et entreprennent de les avaler aux yeux de tous. C'est avec ce mode opératoire inédit que ces quelque quarante « Bänderer » entendent alerter l'opinion publique sur le gaspillage alimentaire. Des œuvres étudiantes ne tardent pas à s'interposer et à mettre un terme à tout cela, des parois mobiles sont installées autour de ces bandes acheminant les plateaux, ce qui conduit immédiatement à de nouveaux débats enflammés. Les esprits s'échauffent tandis que le chili végan garanti sans viande commence à transpirer lentement à grosses gouttes sous les ponts thermiques.

Vers 1930

Toasts-Bauhaus et *Carneplastico*, Europe

Wuuuusch, klingeling, schepper ! Wuuuuusch, klingeling, schepper ! Ainsi va le son du Bauhaus en ce mois de février 1929 tandis qu'est célébrée la « fête métallique ». Un convive tout en tôle, revêtu de ce costume en métal ou plutôt enserré dedans, pousse de longs mugissements en désignant les gigantesques toboggans en argent scintillant installés dans la salle des fêtes : *Wuuuuusch !* Une dame-Bauhaus, elle aussi fourrée dans du fer blanc telle une chenille dans un cocon tubulaire, descend laborieusement les escaliers munis de sonnettes et de clochettes : *klingeling, schepper*, en quête d'un camarade qui puisse resserrer ses vis. Le bâtiment entier se reflète en tremblotant dans le matériau métallique, des caricatures d'avant-gardistes en train de se dandiner glissent sur la tôle incurvée.

On sait que les membres du Bauhaus aspirent à l'œuvre d'art totale et à la vivre en actes, et la fête fait partie intégrante du programme. Les aliments auxquels il est fait honneur lors de ces réjouissances ne sauraient échapper à ce style de vie embrassant tous les aspects de l'existence. Toutefois, ce ne sont pas des menus bourgeois qu'on préparera ici. Mais des toasts. Des petites biscottes de format carré garnies de fromage et de charcuterie en tranches formant des motifs répétés, et entre elles de petites pyramides de céleri rémoulade ou de lentilles, le tout agencé jusqu'à former un ornement à la rigueur géométrique. Le ballet triadique immortalisé sous la forme de tartines, si l'on veut. Entre-temps, les figures en pain d'épice de la designeuse Gunta Stölzl sont entrées dans la danse : un léopard nerveux, des danseuses à la taille de guêpe et aux bras d'athlète évoluent et se retranchent dans une contrée fantastique aux très vives couleurs, aussi vives que leurs tapis et leurs étoffes.

Tous les avant-gardistes ne bidouillent pas de façon aussi désinvolte en cuisine. C'est au moyen de nouvelles créations culinaires plutôt alambiquées que le futurisme italien, par exemple, élabore tout un programme. En décembre 1930, Filippo Tommaso Marinetti publie son *Manifesto della cucina futurista*, et plonge les Italiens dans l'angoisse et l'effroi : c'est que le futuriste à la fibre nationaliste est bien décidé à tirer un trait sur les pâtes. Convaincu comme il l'est que leur plat national rendrait les Italiens faibles et pessimistes (en vérité, le problème réside dans le fait que la production nationale de pâte à nouilles dépend de l'importation de froment étranger ; il serait plus patriotique de soutenir la production rizicole italienne). Marinetti rêve en même temps d'ouvrir la cuisine à la chimie, qu'il investit d'une mission : concevoir une pilule qui nourrirait suffisamment à elle seule l'organisme humain. Mieux encore : dans un avenir proche, la radio pourrait émettre des ondes nourrissantes.

Et Marinetti de tirer encore plus d'annonces fracassantes de sa casserole magique grésillante à force de chauffer à blanc. Peu après la parution du manifeste, les futuristes ouvrent à Turin leur premier restaurant, la *Taverna del Santopalato*. Ce que l'on y sert méandre entre œuvre d'art avant-gardiste, performance et dinguerie pure. Par exemple ledit *Carneplastico*, une sculpture à base de viande : une grosse boulette cylindrique faite de viande de veau rôtie présentée avec grandiloquence comme une « interprétation synthétique des paysages d'Italie ». La boulette est farcie de onze sortes de légumes cuits et couronnée à son sommet d'une épaisseur de miel, ce cylindre placé verticalement au centre du plat étant érigé sur un anneau de saucisse grillée reposant à son tour sur trois sphères dorées de viande de poulet. Avec le « poulet Fiat » accompagné d'une crème fleurette, on atteint déjà gentiment les limites du comestible : l'animal, farci de billes en acier, est censé rendre hommage à l'œuvre industrielle de Fiat. Un enthousiasme très martial pour la technologie et la chose militaire sous-tend également la « nourriture aérienne », qui franchit allègrement les limites de la performance. Une assiette contenant des olives noires, un cœur de fenouil et du chou de Chine est servie au convive, lequel est prié d'avaler tout cela en se servant de sa main droite. C'est qu'avec la gauche il lui faut dans le même temps caresser un « rectangle de contact » ; un frisson lui parcourt l'échine tandis que ses doigts palpent tour à tour du papier abrasif, de la soie rouge et du velours noir. Un serveur surgit dans son dos pour l'asperger soudain d'essence de clou de girofle. Pendant ce temps, un mélange de Bach et d'enregistrements de moteurs d'avion vrombissants s'échappe à plein tube de la cuisine. Est-ce là de l'art ou cela se mange-t-il ?

Si, pour le mouvement Bauhaus, la nourriture est, en tant que composante de l'œuvre d'art totale, un ornement plutôt fugace, elle sert déjà aux futuristes de vecteur de leurs visions fiévreuses. Quelques décennies plus tard, mais toujours et encore sur le mode avant-gardiste, le Suisse Daniel Spoerri fonde l'Eat Art. Il y est question de la saveur en tant qu'expérience esthétique, qui est déconstruite dans le même mouvement. En 1970, et donc vingt bonnes années avant que Ferran Adrià lève le voile sur ses pipettes et son azote liquide, Spoerri célèbre le *Banana Trap Dinner*. Celui-ci débute avec une soupe de tortue, versée dans une tasse à moka et se termine par un café servi comme l'est une soupe. Un simple jeu de permutation qui met en question notre relation au goût et nos attentes en la matière : la soupe a-t-elle une saveur différente lorsque je m'attendais à avaler du moka ?

Une génération plus tard encore, Kai Söltner, un artiste mais du reste aussi un cuisinier de haut vol, élève la thématique de l'ingestion intellectualisée à un niveau encore supérieur, tout à fait inattendu : c'est dans un grand vacarme et dans des casseroles plus grandes encore qu'il fait bouillir des livres. Lors d'une manifestation dada, *Les Chants de Maldoror* de Lautréamont et le tome deux de *Kapitalisierung* d'Achim Szepanski, par exemple. Et de mêler ensuite la soupe de livres à de la vodka. En avaler courageusement une gorgée, c'est ingérer les commencements radicaux du surréalisme. Santé !

La nourriture ne cesse pas de jouer un rôle dans l'art. On pense ici tout de suite aux natures mortes hollandaises du XVIIe siècle qui, en raison même de leur virtuosité, sont un régal pour les yeux de quiconque les contemple. Les incursions des avant-gardes dans la sphère de l'art culinaire supposent en revanche nécessairement une dimension plus objective : il faut goûter l'esthétique, même si elle pourrait bien ne pas être très savoureuse. Et peut-être pourra-t-on, tout en mâchant et dégustant, attenter à l'intégrité de l'art comme le fit Pablo Picasso dont le cubisme naît dans les bistrots et qui se montre fasciné par les ustensiles et mets les plus simples droit sortis des cuisines, raison pour laquelle il ne cesse pas de les peindre : « Une cuillère pour verre d'absinthe, […] du vin, du jambon cru, un poulet bien gras. Cette démystification de la peinture exalte la vie quotidienne et montre le goût de la vie réelle[1]. »

1933

Langouste belle aurore, République française

Une soirée à Lyon. Une salle pleine de convives habillés fort élégamment. De longues tables sous des lustres étincelants. Elles sont couvertes de nappes à carreaux noir et blanc et de verres inlassablement remplis par des serveurs en livrée blanche. Des regards brûlants d'impatience sont lancés en direction de la porte derrière laquelle se trouve la cuisine. Là, entre des carreaux de faïence blancs et des fenêtres à croisillons embuées, une forte femme s'active au-dessus de grandes sauteuses et d'énormes casseroles. L'air y est saturé d'une odeur de beurre et de crème. Ce qui est ensuite servi ? Une poularde en demi-deuil, soit une poularde sous la peau croustillante de laquelle – peau croustillante évoquant un crêpe de deuil noir qui serait fait d'une très délicate étoffe – se trouvent en abondance des tranches de truffe. Des quenelles gratinées accompagnées d'un brochet poché, le tout dérivant dans un océan à l'épaisse consistance composé de sauce béchamel, d'écrevisses, de beurre et de crème. Et naturellement la langouste belle aurore. Une langouste entière, cuite dans du cognac ainsi que dans un litre de sauce et nichée dans un vol-au-vent, une enveloppe en pâte feuilletée de forme cylindrique que les premiers couteaux entreprennent maintenant de démanteler dans un léger bruit de froissement. Les tendres miettes presque translucides de la pâte coulent dans la sauce odorante. Les serveurs s'affairent de nouveau autour des tables tandis qu'une agréable somnolence postprandiale s'empare des convives.

La cuisinière aux casseroles bouillonnantes de crème s'appelle Eugénie Brazier. Son restaurant, *Mère Brazier*, est l'un des premiers à se voir décerner trois étoiles par le *Guide Michelin*. Son deuxième établissement, au col de la Luère, croule lui aussi sous les distinctions, dont les fameuses trois étoiles. Brazier n'est donc pas seulement la première femme mais aussi la toute première personne à recevoir six étoiles du *Michelin* (peu de temps après, un futur grand cuisinier du nom de Paul Bocuse se retrouvera d'ailleurs en apprentissage chez elle). Le système des étoiles du *Guide* est encore à cette date tout récent : le petit guide rouge édité par Michelin est inventé en 1900 dans l'idée de fournir aux clients de la marque non seulement des informations utiles comme les adresses d'ateliers de réparation automobile et de stations-service, mais aussi de leur suggérer toujours plus de destinations précises à rallier avec leurs automobiles (histoire d'user convenablement les bons pneus Michelin afin d'en acheter des neufs). Soit dit en passant, les frères Michelin font véritablement avec leurs petites brochures œuvre de pionniers. Au tournant du siècle, les réseaux routiers ne sont guère aménagés, on y cherche en vain des directions et autres indications. Il est presque impossible à cette époque de mettre la main sur une auberge de campagne isolée. Pour cette raison même, le *Guide* offre à ses utilisateurs des cartes routières, si bien conçues qu'elles seront plus tard utilisées par les Alliés après le débarquement : les soldats anglais et américains sauront grâce à elles se repérer dans la France noyée sous les bombes. Michelin recouvre peu à peu le territoire national de la fine toile que constituent ses cartes géographiques et s'attache dans le même temps à cartographier le goût raffiné : à partir de 1926, les restaurants de grande qualité se voient décerner une étoile et, cinq ans plus tard, le système de gratification encore en vigueur aujourd'hui est introduit. Les trois étoiles représentent la récompense ultime, la plus élevée. Pour reprendre la terminologie du *Michelin*, l'établissement qui se les voit décerner « vaut à lui seul le voyage » (il vaut la peine de s'arrêter une fois à un restaurant une étoile, tandis qu'un établissement deux étoiles vaut de façon certaine le détour). L'idée du tourisme gastronomique, du pèlerinage culinaire est née.

La cuisine comme art, les élites la connaissent et la pratiquent dès l'Antiquité. La critique gastronomique existe déjà lorsque le *Guide Michelin* voit le jour, même si elle fait alors plutôt figure de phénomène marginal. Alexandre Balthasar Laurent Grimod de La Reynière, un légendaire gourmet de l'aristocratie parisienne qui publie au début du XIXe siècle son *Almanach des gourmands*, est considéré comme le père fondateur du genre. Mais ce n'est qu'avec les étoiles Michelin qu'apparaît cet univers à part entière qu'est la cuisine étoilée, car le *Guide* impose désormais une grille d'évaluation systématisée, aux standards tout à fait limpides, à l'aune de laquelle tout gourmet intéressé peut s'orienter – il propulse ainsi des carrières entières vers les sommets de même qu'il peut y mettre un terme brutal.

Dans un premier temps, l'art culinaire s'en voit nouvellement réévalué. Un restaurant trois étoiles devient soudain, sitôt récompensé, une véritable sensation attirant également les personnalités éminentes. Charles de Gaulle mais aussi Marlène Dietrich, par exemple, font le voyage à Lyon pour déguster chez Brazier une langouste baignant dans sa sauce au cognac. Mais, avant toute chose, le système des étoiles contribue à transformer le rapport à la nourriture et le statut de celle-ci : les gens du métier en débattent de plus en plus dans l'espace public et de façon toujours plus sérieuse, voire même intellectuelle. La figure du gourmet professionnel sort tout droit des pages du *Guide Michelin* – des pages qui laissent échapper un léger son de froissement lorsqu'on les tourne – et des nombreux autres guides gastronomiques qui suivront. Il ne s'agit pas pour ce gourmet de profession de se rassasier mais de faire l'expérience de la saveur.

À ce stade, le rapport de l'homme à la nourriture a déjà considérablement évolué : alors qu'elle avait été jadis un moyen essentiel de se maintenir en vie, qu'il s'agissait impérativement de se procurer – une véritable obsession quotidienne –, et qu'elle était devenue ensuite un moyen de se distinguer socialement – dans le cadre d'une logique plus vaste de distinction sociale en partie impitoyable –, la nourriture devient désormais un objet d'appréciation et d'évaluation critique. (De façon tout à fait intéressante, et sans vouloir aucunement surinterpréter ce fait, cette évolution se produit précisément à l'époque où, dans le champ de la théorie de l'art, des sommités comme Panofsky et Warburg échafaudent également de nouveaux systèmes de classification et d'évaluation.) Bientôt, les étoiles font et défont les carrières dans l'univers de la gastronomie. Michelin envoie désormais dans les restaurants des critiques de réputation internationale, du nom d'inspecteurs : agissant sous une couverture tels des agents secrets, ils s'y attablent sans s'annoncer afin de goûter leurs plats, et cela à plusieurs reprises, pour décider ensuite qui est digne d'une étoile, qui défend honorablement la sienne – et qui doit la perdre. Tout chef cuisinier ne supporte pas forcément cette logique au fort goût d'arbitraire, qui est vécue comme une pression permanente. Ces étoiles s'accompagnent de nombreuses histoires de burn-out et même de suicides, si bien que les restaurants sont toujours plus nombreux à se soustraire à cette pression, préférant explicitement renoncer à toute évaluation ou « rendre » leurs étoiles. Toutefois, celui ou celle qui exerce aujourd'hui la profession de cuisinier ne peut plus se dérober au jugement des critiques gastronomiques professionnels ou se présentant comme tels. C'est là l'héritage du premier guide gastronomique. Un restaurant peut claquer la porte au nez du *Guide Michelin* mais tous les avis, toutes les opinions et les recensions mis en ligne sur les réseaux sociaux se propagent dans le vaste monde – et souvent sur un ton pour le moins rugueux. Comparé à eux, le *Guide*, qui fut à l'origine de tout, ne peut que frapper par ses mœurs civilisées.

Vers 1935

Pain de mort et crânes en sucre, Mexique

Ce soir-là, les cimetières du Mexique accueillent de très colorées scènes de vie. Les pierres tombales et les sentiers qui serpentent entre les sépultures sont abondamment jonchés de fleurs d'un jaune et d'un orange vifs. Des guirlandes et des silhouettes en papier très fin artistement réalisées flottent dans l'air tiède. Une véritable mer de chandelles clignotantes nimbe toutes choses d'une resplendissante lumière jaune. Des familles au grand complet – parents, grands-parents, enfants, tantes, oncles – s'asseyent auprès des tombes et pique-niquent avec leurs morts, qui ont déjà trouvé ici leur dernier repos.

Les vivants sont assis sur de petites chaises ou tout simplement sur le sol. Les aliments préférés de leurs parents décédés ont été apportés sur place dans de grandes corbeilles et de grands sacs et sont maintenant déballés : des *tamales*, par exemple, ceux que le grand-oncle défunt appréciait le plus, dont la farce fortement épicée composée de viande et de légumes a été roulée dans une pâte au maïs et au saindoux puis dans la pelure d'un épi de maïs avant d'être mise à cuire un long moment. On a en outre apporté pour tout le monde du *pan de muerto*, du pain de mort : des petits pains sucrés à la douce saveur, parfumés à l'anis et copieusement saupoudrés de sucre. Ces petites miches sont de surcroît surplombées de deux entretoises en pâte se croisant l'une l'autre, avec au centre une petite excroissance : elles représentent des os et un crâne. Au cours des journées précédant le *Día de los Muertos*, le Jour des morts, les cuisines de la ville laissent échapper leurs arômes préférés tandis que les petits pains ronds avec leurs ornements mortuaires lèvent lentement. Les vitrines des *dulcerías*, des confiseries, et les rayons des supermarchés ploient littéralement sous le poids des innombrables têtes de mort aux couleurs crues, version glaçage, amarante ou chocolat. On trouve à leur côté des bataillons entiers de cercueils bariolés en pâte d'amandes, ils ressemblent à des loquets restés longtemps tirés dans lesquels de petites croix sont enfoncées. Les enfants apprécient avant tout les têtes de mort ; on peut aussi écrire sur les crânes, dans des caractères en sucre, les noms des chers disparus.

L'habitude d'entretenir des rapports très libres avec les aïeux défunts est profondément ancrée dans la culture mexicaine : il y a trois mille ans, les Aztèques, les Mayas, les Mexica, les Totonaques fêtaient probablement déjà eux aussi leurs morts. Toutefois, le *Día de Muertos* dans sa forme actuelle pourrait bien n'être apparu qu'au XXe siècle, bien que l'on préfère, de façon plutôt étrange, ne pas se faire une idée précise de sa date de naissance. Il est probable que les crânes en sucre, les squelettes et les cercueils en pâte d'amandes n'entrent dans les mœurs que sous la présidence de Lazaro Cardenas, qui dirige le pays à partir de 1934 et qui s'est notamment efforcé de renforcer l'identité indigène du Mexique. Quoi qu'il en soit : c'est depuis des milliers d'années que l'humanité pratique la tradition du repas des morts, chérit l'idée de former autour d'un repas une communauté entre vivants et morts. Dans la Rome antique aussi, il est habituel d'organiser tout de suite après l'inhumation un repas familial près de la tombe. On trouve dans de nombreuses catacombes et chambres mortuaires des tables en pierre ou même des bancs circulaires sur lesquels les proches des défunts pouvaient prendre place pour avaler un repas. Dans l'Orient ancien aussi, il y a déjà plus de trois mille ans de cela, des repas cultuels étaient pris dans les chambres mortuaires : les parents du défunt s'asseyaient dans le caveau sur des bancs en pierre pour manger et boire de la façon la plus digne possible à côté du sarcophage resté ouvert. Dans le Levant, à la même époque, on considérait essentiel de se montrer prévenant au quotidien à l'endroit des morts : il importait absolument d'approvisionner avec régularité les esprits des aïeux défunts, de leur apporter à manger et à boire. Négliger ce devoir, c'était s'exposer potentiellement à la fureur des esprits des morts, qui se vengeaient de ces manquements en attirant sur les fautifs maladie et malheur. En Sicile, en revanche, ce sont les aïeux défunts qui, jusqu'à nos jours, apportent des présents à leurs descendants toujours vivants : lors de la *festa dei morti*, la fête des morts, ceux-ci dissimulent dans des recoins de petits cadeaux ainsi que des sucreries traditionnelles à l'intention des enfants, par exemple des gâteaux secs aux amandes spécialement préparés pour l'occasion, des petites poupées en sucre ou encore de très divers fruits en pâte d'amandes. Une fois les petits présents recherchés et trouvés, on rend visite aux sépultures de ceux qui ont eu la gentillesse de les offrir, et on dépose dessus des fleurs avant de se retrouver de nouveau autour d'une grande table pour un repas familial.

Et bien évidemment, aujourd'hui encore, dans de grandes parties du monde, on s'assied autour d'une table pour un repas d'enterrement : même si de tels repas ne se déroulent pas à proximité de la tombe, ils ont lieu dans la foulée immédiate de l'inhumation, les convives étant encore sous la forte impression laissée par la cérémonie. Le repas est une pratique culturelle communautaire, et ce fait-là semble être si fermement ancré dans la vie humaine qu'il est même encore en mesure d'instaurer un lien tout à fait solide avec nos chers disparus.

Mais revenons au Mexique : à côté des sucreries morbides, une autre coutume très enracinée est encore en vigueur sur la péninsule du Yucatan pour le Jour des morts. On y prépare à cette occasion du *mukbil pollo*, un très imposant *tamal* rempli de viande de poulet, de viande de porc, d'ail, de tomates, de différentes sortes de poivres et piments rouges. Le vol-au-vent surdimensionné est plongé dans un bouillon à la très forte saveur jusqu'à imprégnation totale. On enveloppe ensuite le tout dans des feuilles de bananier avant de le faire cuire dans un four creusé dans la terre comme les Mayas le faisaient déjà en leur temps. Après plusieurs heures de cuisson, on exhume le *mukbil pollo* et on l'ouvre avec précaution. L'intérieur est d'un rouge orangé vif. Un flot d'odeurs chaudes s'en échappe, à la fois très fortes, fraîches et familières : c'est là une capsule véritablement pleine à ras bord des histoires de notre vie.

Il est très caractéristique que le culte des aïeux défunts soit souvent lié à des aliments bien précis. Qu'il soit question de crânes en sucre et de pain de mort, de *tamales* géants ou de fruits en pâte d'amandes, ces aliments, leur goût, leur arôme, leur apparence éveillent immédiatement des souvenirs. Lors des repas pris en commun, nous pouvons incorporer ces souvenirs, nous les approprier. Et, le temps d'un repas, nous unir ainsi avec nos défunts bien-aimés.

1937

Omelette-BBC, Royaume-Uni de Grande-Bretagne et d'Irlande du Nord

Londres, 1937 : la BBC, qui en est elle-même encore au stade de l'expérimentation, place le charmant restaurateur Marcel Boulestin devant une caméra, l'idée étant qu'il cuisine en direct. Boulestin est la toute première personne à préparer un plat devant une caméra de télévision. Le premier plat qu'il concocte dans un tel cadre est d'une simplicité presque rudimentaire mais il est en même temps typiquement français. Boulestin prépare une omelette.

Afin de comprendre pourquoi, aux premiers temps de la télévision, une omelette toute simple a droit à une première télévisée, il faut remonter un peu en arrière. Au mois de juin 1923, Boulestin, qui avait déjà officié dans la métropole anglaise comme auteur, décorateur d'intérieur, professeur de français et œnologue, finit par écrire le best-seller qu'on attendait de lui : un livre de cuisine consacré à des plats français faciles à préparer et s'adressant aux foyers britanniques. Son succès est à coup sûr lié aux circonstances, particulièrement mouvementées tant du point de vue politique qu'économique. Depuis la Grande Guerre, la cuisine britannique est sinistrée (le pays lutte encore aujourd'hui contre les conséquences catastrophiques de l'événement sur sa cuisine nationale). La nation insulaire doit en effet importer une grande partie de ses denrées alimentaires, les ingrédients étant en bonne part rationnés par l'État. Dans le même temps, la classe moyenne ne se porte pas trop mal, les pouvoirs publics encouragent la construction résidentielle, on édifie sa propre maisonnette, on roule peut-être en auto, on s'achète des ustensiles ménagers. On s'intéresse de plus en plus aux humbles ingrédients sur lesquels chacun peut mettre la main pour préparer quelque chose de savoureux. Et donc Boulestin, avec sa cuisine française toute simple, d'ailleurs d'origine très populaire, arrive pile au bon moment.

Après avoir publié d'autres ouvrages à grand succès, comme *How to Keep a Good Table for Sixteen Shillings a Week* (*Comment faire de bons repas pour seize shillings par semaine*), Boulestin ouvre le restaurant le plus cher et le plus élégant de Londres, l'ancien décorateur d'intérieur choisissant d'accrocher à ses murs des peintures d'avant-garde et de l'orner d'éclatants rideaux de brocart. Cet homme, qui n'est certes en rien cuisinier de formation mais qui est un fin gourmet, et s'est promis de convertir les palais britanniques à la cuisine de qualité, est donc désormais aussi le premier à préparer un plat à la télévision. Nous avons ainsi avec lui l'ancêtre du cuisinier télégénique, cette brillante figure médiatique mêlant les casquettes d'expert, de connaisseur et de promoteur de sa propre personne – un présentateur-animateur d'un genre nouveau, qui cesse de souligner l'importance de ce phénomène social qu'est le repas en commun pour placer au centre de tout la cuisine elle-même, en faisant d'elle une activité à part entière tout à fait significative, à laquelle on pourra s'adonner sous la houlette décontractée d'un très mondain Français, par exemple. Et c'est ainsi que le cuisinier devient pour la première fois, et en toute décontraction, un objet de mise en scène médiatique.

Une omelette, donc. Derrière cette simplicité apparente se dissimule un wagon entier de subtilités. Voilà pourquoi on peut faire tout un plat d'un qui n'est fait que de trois ingrédients. Il n'existe guère de sommité de la cuisine française qui n'y soit pas allé de sa réflexion sur l'omelette, avant et après sa première à la BBC. Auguste Escoffier ! Paul Bocuse ! Et Jacques Pépin, qui déclara un jour que, s'il devait tester les aptitudes d'un jeune cuisinier, il lui demanderait de préparer une omelette ; c'est dans les choses apparemment les plus simples que se manifeste le véritable savoir-faire.

L'expert utilise donc juste du beurre, des œufs et du sel. Pour ce qui est du sel, une pincée ; mais, pour ce qui est des deux autres ingrédients, beaucoup plus qu'une pincée. Alice B. Toklas par exemple, qui dans le couple qu'elle forme avec Gertrude Stein, se charge des tâches ménagères (que lui abandonne volontiers la grande dame), et qui écrit de fort nombreux livres de cuisine, partage dans l'un de ses ouvrages une recette du peintre Francis Picabia, où il n'est « bien évidemment » pas question d'œufs brouillés profanes : « Cassez huit œufs dans un bol et mélangez-les dans une casserole – oui, une casserole, non, pas une poêle. Mettez la casserole sur une très très petite flamme, remuez avec une fourchette tout en ajoutant petit à petit une demi-livre de beurre – pas un gramme de moins, plutôt plus si vous en avez le courage[1]. »

Le résultat, affirmait Toklas, devait se montrer à la fois lisse et soyeux. En cela, Toklas partageait la vision des choses d'Auguste Escoffier, pour qui l'omelette devait être en même temps lisse et humide – lorsqu'elle quittait la poêle chaude, plaisamment enroulée sur elle-même tel un cocon odorant, elle ne devait pas être tout à fait cuite à l'intérieur, on la déposait sur une assiette bien chaude afin que sa cuisson s'y poursuive. Il existe une autre devise pour ce qui est de sa cuisson : secouer, secouer, secouer. Presque trois décennies après Boulestin, à une époque où la télévision était déjà devenue depuis longtemps un média de tout premier plan, une certaine Julia Child accède à une véritable célébrité avec son émission de cuisine *The French Chef* – il y est de nouveau question de cuisine française très simple, mais cette fois-ci à destination des foyers américains. Elle aussi prépare une omelette française et montre aux téléspectateurs avec la détermination dont elle est coutumière comment celle-ci doit être cuite. Avec une poigne de fer, la voilà qui se cramponne au manche de sa poêle recouverte et la secoue un bon moment, jusqu'à ce que la masse se détache de la surface et, en s'enroulant sur elle-même, adopte la bonne forme, ovale.

Malheureusement, on ne peut savoir si Boulestin, lors de sa première apparition télévisée, secoua lui aussi avec autant de ferveur son instrument. En 1937, il n'était pas encore techniquement possible d'enregistrer les cours de cuisine diffusés en temps réel. Mais le choix du plat à préparer était indéniablement judicieux : des ingrédients ridiculement peu nombreux, tout à fait simples, et un savoir-faire aisément assimilable suffisent pour refaire cette recette. Toutefois, il s'agissait de convertir au beurre, ici mobilisé à profusion, un peuple dont la cuisine se fonde dès l'origine sur des aliments qui s'enveloppent volontiers dans un lourd manteau de pâte ou qui sortent du bain gargouillant de la friteuse, histoire de bien suer les jours de grand froid. Et c'est bien sûr là une invitation à se faire plaisir par temps difficiles, un « offre-toi ça sans état d'âme, qui sait combien de temps cela va durer », avec clin d'œil à la clé. L'émission *Cook's Night Out* de Boulestin est diffusée à la télévision jusqu'en 1939. Sa dernière année de vie, il la passera à Paris sous l'occupation allemande, Paris où il meurt avant même la fin de la guerre.

1944

Pâté de légumes, Royaume-Uni de Grande-Bretagne et d'Irlande du Nord

« Qu'on le délivre de son fort goût pour les marmites à viande [...], qu'on le purifie entièrement de son goût pour le sang », telle est la brutale exigence que formule *Der Vegetarier*, *Le Végétarien*, le journal de l'« Association en faveur d'un mode de vie naturel ». Des lignes qui datent de l'année 1892. Mais bien que ce végétarisme militant, né de la prise de conscience des horreurs perpétrées dans les nouveaux abattoirs industrialisés, représente déjà un point de vue radical sur la cuisine à base de viande du XIXe siècle, il n'est aux yeux de beaucoup, dès le tournant du siècle, plus guère suffisant. En l'an 1900, un premier groupuscule composé d'individus plutôt excentriques s'essaye à renoncer non seulement à la viande mais aussi aux œufs, au lait et à tous les autres produits d'origine animale : un fils d'industriel, Henri Oedenkoven, et sa bien-aimée, Ida Hofmann, fondent dans le Tessin, dans un splendide isolement, sur le « Monte Verità », une colonie de repentis, censée être dans le même temps une sorte d'établissement de désintoxication. Sur de vieilles photographies d'époque, on distingue, à côté de personnes en train de danser pieds nus dans l'herbe en tenues décontractées, l'idéal qui est visé en ce lieu, et qui adopte en l'occurrence la forme d'un plateau sur lequel sont présentés, à côté de deux tranches de pain sec, des fruits non encore pelés et un petit tas de noix. On ne sera peut-être pas surpris d'apprendre que plus d'un pensionnaire de l'établissement rejoint régulièrement et très furtivement le village situé un peu plus bas pour y consommer en toute discrétion un steak bien saignant.

C'est l'Anglais Donald Watson qui, un peu moins d'un demi-siècle plus tard, invente la notion concrète de « végétarisme », fondant en 1944 la première « Vegan Society », à Birmingham. À cette époque, le véganisme implique le renoncement pur et simple à tous les produits dont la consommation suppose nécessairement aux yeux de ses représentants de faire souffrir d'autres êtres vivants. Les premiers végans sont encore bien loin de penser que quelque chose de très intéressant d'un point de vue culinaire pourrait aussi en résulter. La troisième édition de *The Vegan*, le journal de l'association, accueille dans ses colonnes une rubrique dédiée aux recettes véganes. La première proposition : des cookies aux noix accompagnés d'une orange, des biscuits aux amandes faits à partir de farine complète ainsi qu'un pâté aux légumes avec purée de pommes de terre et haricots cuits. De la cuisine maison toute simple, où tous les très inquiétants vecteurs du goût se voient tout bonnement écartés. Pendant très longtemps, la réputation de la cuisine végane sera ternie par l'absence d'originalité de ce premier pâté aux légumes, auquel elle restera longtemps identifiée. Insipide, étrangère au plaisir, caractérisée par un goût péniblement sain… Tels sont les préjugés dont elle a en partie souffert jusqu'aujourd'hui.

Tout au long des décennies suivantes, en raison des problèmes d'envergure mondiale allant en grandissant mais aussi des nouvelles connaissances scientifiques, les arguments qui plaident en faveur du véganisme gagnent en nombre et en virulence. Les partisans convaincus de la protection animale se rallient à lui par souci du bien-être animal. Mais des points de vue médicaux plaident aussi toujours plus en sa faveur. Enfin, aujourd'hui, le véganisme représente également un courant très significatif au sein du mouvement écologique, l'élevage industriel contribuant massivement au dérèglement climatique et nuisant en grande partie à l'environnement. C'est avant tout ce dernier point qui explique probablement pourquoi le véganisme annonce un changement de paradigme dans les débats autour de notre alimentation. Ce changement se traduit dans le fait que toute conversation portant sur l'alimentation revêt toujours aussi une dimension sociopolitique. Car que l'on continue de manger des produits d'origine animale, que l'on restreigne leur consommation ou que l'on y renonce tout à fait, chacun de ces comportements alimentaires est dans le même temps une profession de foi politique. Désormais, le rapport de l'individu à sa nourriture témoigne toujours aussi – pour ainsi dire par procuration – de son rapport à notre planète et aux grandes crises de notre temps. Nous en sommes arrivés à la politisation complète de la nourriture.

Dans les débats opposant végans et carnivores, ces derniers avancent souvent que la consommation de viande serait profondément ancrée dans la nature humaine, songeant vraisemblablement en avançant cela à l'image du chasseur de l'âge de glace. C'est évidemment absurde : l'histoire de l'alimentation montre précisément que l'homme peut toujours s'adapter à de nouvelles configurations. Depuis le néolithique à peu près, la majorité de l'humanité qui a peuplé l'Europe centrale ne s'est souvent nourrie que de façon végétarienne, en l'occurrence de pain et de bouillie de céréales – pour ne rien dire des cultures fortement imprégnées par le bouddhisme, par exemple. Toutefois, l'homme se révèle être toujours et encore une créature obstinément attachée à ses habitudes, une créature ayant néanmoins besoin, et de longue date, de remanier régulièrement le modèle culturel dont elle a hérité au fil des siècles. Aujourd'hui, les pratiques culturelles occidentales s'inscrivent à coup sûr dans le sillage de la cuisine des temps modernes, qui a été fortement marquée par l'influence française, mais aussi dans celui de la cuisine de l'ère industrielle. Le plaisir que l'on prenait au XIXe siècle à manger de la viande, qui avait quelque chose de presque obsessionnel, a probablement posé dans nos estomacs les poids les plus lourds de l'habitude. Jetons simplement un coup d'œil au *Manuel pratique de cuisine* d'Henriette Davidis – un cadeau de mariage que recevait pratiquement toute jeune épouse : on trouve dans sa première partie des plats de légumes qu'il s'agit toutefois d'envisager comme autant de garnitures. Ils sont immédiatement suivis de trente-sept recettes à base de viande de bœuf ou de bovin, de soixante plats de viande de veau, il y est question à trente-sept reprises de viande de porc, etc. Viennent ensuite tous les plats odorants à base d'œufs et de lait et, enfin, un univers entier de sauces qui ne pourrait se passer du beurre, de ce beurre fondu, chaud et dont on arrose alors tout. Cette cuisine qui, il y a quelques générations, était encore servie sur les tables de tous les foyers bourgeois des pays occidentaux est uniment composée de bout en bout d'ingrédients d'origine animale.

Ajoutons au tableau l'étroite association entre viande et masculinité, qui trouve elle aussi son origine dans l'ère de l'industrialisation. Mais les premiers aperçus sur les valeurs nutritives et les calories incitent les contemporains à penser que l'ouvrier qui travaille dur à l'usine a besoin d'autant de viande que possible pour développer ses muscles et sa force physique, telle une machine à vapeur particulièrement performante. L'image de cet homme qui transmue autant de viande que possible en un paquet de muscles imposant reste encore enfoncée dans nos cerveaux. De fait, aujourd'hui, ce sont avant tout les hommes qui consomment en moyenne le double de la quantité de viande ordinairement recommandée. Dans la mesure où les sportifs professionnels – et en très grande partie des représentants de disciplines sportives considérées comme étant tout particulièrement masculines, comme le football ou le football américain – sont toujours plus nombreux à améliorer leurs performances en adoptant un régime végan, quelque chose peut-il ici changer ?

À l'heure actuelle, la gastronomie la plus raffinée découvre la cuisine à base de plantes et en fait son miel. Des plats sans aucun ingrédient d'origine animale sont promus produits de luxe : en 2021, un premier restaurant proposant un menu entièrement végan décroche trois étoiles. À l'*Eleven Madison Park*, à New York, on sert désormais de la semence de Kochia scoparia, qui est recueillie au Japon à la main et cuite dans un bouillon d'algues et de planctons. La crème fraîche y est faite à partir d'amendes fermentées. Un délicat tartare y est fait à base de concombres, de melons et de radis « daikon » fumés.

Ce fut un long chemin que de passer de la bouillie de pomme de terre aux haricots verts rôtis.

1946

Repas composés de restes, dans le monde entier

La nécessité de stocker les denrées alimentaires est un sujet aussi ancien que les récoltes, la chasse et la cuisine. Depuis que l'homme a un réfrigérateur, il peut aussi, au-delà du fait de mettre en bocaux et de faire des conserves, conserver des produits frais et des restes de plats déjà cuisinés, du moins quelques jours. Lorsqu'il s'agit de se serrer la ceinture, comme ce fut le cas à l'après-guerre par exemple, les plats faits de restes réagrémentés redeviennent en vogue. On peut réserver un sort aux derniers reliquats du rôti du dimanche dans le petit déjeuner fermier germanique, dans le *shepherd's pie*, dans l'omelette paysanne (que l'on appelle à Berlin *Hoppelpoppel*), dans le *pyttipanna* (Suède), le *biksemad* (Danemark) ou encore le *Gröstl* du Tyrol. Avec les os à moelle, les carcasses et les restes de viande, on peut faire un bouillon, et la bouillabaisse est elle aussi un classique du genre – ce furent les poissonniers marseillais qui inventèrent un plat susceptible d'être concocté à partir des poissons invendus du jour. En Corée, pour le *bibimbap*, on réchauffe le riz, les légumes et un peu de viande restant des précédents repas, et on place souvent dessus un œuf cru. Pour la ratatouille, il est possible de hacher menu et de faire revenir tous les légumes qui traînent encore dans le réfrigérateur.

En 1946, un chef d'entreprise américain du nom d'Earl Silas Tupper s'empare de la question. Quelques années auparavant, il a découvert ce nouveau matériau qu'est le polyéthylène. Dans un premier temps, c'est à partir de cette matière qu'il fabrique des petits composants pour l'armée, par exemple des pièces détachées pour masques à gaz. Une fois la guerre terminée, il est l'un des premiers à mettre sur le marché civil la matière plastique et il présente alors son *Wonder Bowl.* Des récipients légers, presque transparents, dans des tons pastel et des couleurs très diverses, que l'on peut fermer hermétiquement au moyen d'un sceau breveté. « Il garde vos restes au frais toute la journée comme s'ils venaient d'être cuits », peut-on lire dans une annonce publicitaire de sa société, Tupperware.

Bien que les Tupperware soient l'objet de tous les éloges pour leur légèreté et leur design minimaliste, qui passe déjà pour futuriste en ces années 1940, ils donnent néanmoins l'impression de peser comme du plomb sur les rayonnages des grands magasins. Ils suscitent en effet alors un sentiment d'étrangeté excessive, tels des aliens bariolés dans un univers serein fait de céramique et de verre. Du moins jusqu'à l'arrivée de Brownie Wise. Une femme qui élève seule ses enfants et travaille dur, une femme ambitieuse à qui la société Tupper doit de rencontrer un immense succès grâce à son concept de « réunion Tupperware » : de très nombreuses femmes ouvrent les portes de leurs domiciles et leurs carnets d'adresses afin d'acheter en quantités astronomiques ces produits en plastique après s'être retrouvées toutes ensemble pour papoter autour de tasses de café et avoir dîné en commun. Du reste, des femmes au foyer jusqu'alors invisibilisées deviennent à ces occasions de véritables femmes d'affaires. Ou comment l'histoire de la conservation des restes devient aussi à un moment celle de l'émancipation des femmes, dont l'univers domestique est l'objet d'une reconnaissance nouvelle. Et Brownie

Wise d'instiller un glamour insoupçonné dans le business Tupperware. La voilà qui roule en Cadillac rose, se met à porter des tenues de haute couture extravagantes et lance à grands frais chaque année une retentissante « party » destinée à récompenser les « Tupper Ladys » ayant rencontré les plus grands succès. Un jour, elle organise même dans un champ une très mondaine chasse au trésor. Les dames qui ont été invitées à y participer, et qui se sont vu proposer de fouiller la terre au moyen de bêches, y dénichent alors des sachets contenant des étoles en vison, des anneaux avec diamant et de minuscules automobiles dont les pendants grandeur nature attendent déjà sur le parking attenant qu'on vienne les chercher. À un moment donné, c'en est trop pour Earl Tupper, véritablement exaspéré par le tintamarre médiatique autour de la personne de Wise ainsi que par son extravagance. Il la licencie et supprime toute trace de son passage dans l'entreprise – une trajectoire entravée comme en regorge l'histoire des femmes au milieu du siècle dernier, qui nous montre comment des hommes mortifiés par les succès de certaines femmes s'évertuent alors à s'en débarrasser à force d'intimidations.

Les réunions Tupperware – et malheureusement aussi la thématique des reliquats alimentaires, qui en est venue à revêtir tout au long des décennies suivantes une dimension inédite et mondiale – n'ont pas disparu. Le mot clé international est le suivant : *food waste*. Par cette expression on n'entend pas seulement le gaspillage alimentaire mais la pure et simple destruction de nourriture. À l'heure actuelle, à l'échelle de la planète, l'homme jette presque 20 % de sa nourriture encore susceptible d'être consommée. C'est catastrophique pour le climat, qui en subit les conséquences – et c'est une véritable offense faite aux presque 830 millions de personnes qui souffrent de la faim sur cette terre. Mais traversons au pas de gymnastique quelques milliers d'années de notre histoire. Des millénaires durant, l'homme, dévoré par l'inquiétude, enterre ses céréales, conservées d'une manière ou d'une autre dans des récipients en argile. Il ne peut espérer qu'une chose : qu'aucune tempête ne vienne ravager les récoltes afin qu'il puisse traverser d'une manière ou d'une autre le long hiver suivant. Au prix de nombreuses pertes humaines, il ouvre de nouvelles routes commerciales : partout dans le monde, il part en quête de denrées alimentaires susceptibles de nourrir des bouches affamées toujours plus nombreuses. Puis vient l'industrialisation. Ses conquêtes permettent à l'homme de stocker de la nourriture, et même pour plusieurs décennies. Mais, avant toute chose, elles sont à l'origine d'un excédent de denrées alimentaires. Quelle amère ironie de l'histoire... Alors que l'homme, depuis le XIXe siècle, a résolu en théorie le problème de la faim, des famines déciment des populations entières comme elles ne l'avaient encore jamais fait auparavant...

La destruction de la nourriture qui, à un moment ou à un autre, se révèle en excédent est un phénomène datant de la même époque. L'homme balance à la poubelle des betteraves au seul motif de leur forme tordue. Il y envoie aussi des denrées alimentaires sous emballages, parce qu'il se fie bien plus à la date de péremption imprimée dessus qu'à son propre nez. Ou parce qu'il ne sait pas – et tel est bien le dilemme des cuisines collectives qui doivent respecter des directives particulièrement strictes en matière d'hygiène – qui a touché l'emballage. Ou encore parce que les réserves sont saturées. La surproduction a pour effet de casser les prix. Un type d'activiste entièrement inédit fait son apparition en raison même de ces excès : le *food saver*, le sauveteur de nourriture. Celle-ci est en effet devenue un bien qu'il s'agit de sauver. Les sauveteurs de nourriture grimpent dans les bennes à ordures des supermarchés et en retirent prestement les denrées alimentaires encore consommables qui y ont été jetées. Ils poussent les grandes chaînes à faire don de leurs stocks excédentaires au bénéfice des nécessiteux. Ou font des virées urbaines afin de mettre la main sur des pommes de terre de traviole, des tomates à l'allure un peu bizarre mais tout à fait mangeables, bref, sur toute denrée encore susceptible d'être consommée et qui, quel que soit l'endroit, a été jugée surnuméraire. L'espoir se trouve précisément là, du moins aux yeux des optimistes : l'histoire de l'accommodation des restes pourrait bien devenir *in extremis* une histoire de sauvetage.

1948

Hamburger, États-Unis

L'histoire de l'humanité est aussi une histoire de l'accélération. Toute activité humaine, chaque invention et chaque technologie est perfectionnée génération après génération, pour gagner toujours plus en rapidité. À l'époque de l'industrialisation, le rythme ne fait que s'accélérer. Au début du XIXe siècle, on craint encore que la vitesse des nouveaux trains ne plonge les voyageurs dans la confusion, car l'esprit peine à concevoir que le corps puisse être aussi rapidement acheminé d'un endroit à un autre, et c'est donc un véritable vertige qui s'empare de l'homme moderne tout au long des décennies suivantes : le train qui gagne toujours plus en vitesse, l'automobile qui roule à toute allure… Et puis, soudain, le voici qui décolle.

La production de téméraires véhicules s'accélère elle aussi. Henry Ford est le premier à faire fabriquer ses automobiles à la chaîne, à partir de 1914. Frederick Winslow Taylor avait déjà auparavant révolutionné le travail dans les usines en s'efforçant d'optimiser les opérations menées à bien par les ouvriers, en les débarrassant du superflu – « Que l'on élimine tous les mauvais gestes, ceux qui prennent du temps et qui sont inutiles ! » –, de manière que chaque employé devienne aussi efficace qu'un robot. Dans un tel contexte, il n'est probablement pas surprenant que la nourriture – non seulement sa fabrication mais aussi sa consommation – devienne elle aussi l'objet de fantasmes d'optimisation de ce genre. *Fast food* devient la devise de l'époque.

Restons aux États-Unis et rendons-nous plus exactement dans la petite ville, relativement inintéressante, de San Bernardino, en Californie. Deux frères, Dick et Mac McDonald, y tiennent un drive-in, qui marche d'ailleurs très bien, sur le parking duquel une vingtaine de charmantes employées servent des hamburgers à la clientèle ainsi que divers en-cas très appréciés de celle-ci. Les deux frères vadrouillent tous les jours dans leur Cadillac rutilante à travers les rues calmes de la ville et ne dissimulent pas leur sentiment de satisfaction. Mais après plusieurs années de confortable ennui, les voilà en proie à un désir de changement. Leur commerce, décident-ils, doit devenir plus lucratif et surtout gagner en rapidité. Et de tirer un certain nombre de conclusions radicales qui auraient fait la fierté de Taylor. Leur concept, ils le baptisent « Speedee Service System ».

Tout d'abord, les élégantes serveuses mais aussi les cuisiniers, ainsi que toute la main-d'œuvre de service et les plongeurs sont remerciés. Ensuite, la carte des menus est soumise à une cure d'amaigrissement drastique. Dès lors ne seront plus servis dans leur drive-in que des aliments pour la consommation desquels il n'est besoin ni de couverts ni de vaisselle. Au lieu de cela, la nourriture est emportée dans des sachets en papier et l'on boit dans des gobelets. Des ustensiles issus d'une évolution plurimillénaire de l'outillage humain sont envoyés valser, et une grande affiche accrochée au-dessus de l'entrée de l'établissement annonce la couleur – un nouveau niveau de civilisation : « Achetez-les dans des sachets ! » Fort logiquement ne restent plus sur la carte que des hamburgers, des cheeseburgers et des frites. Les efforts réductionnistes les plus soutenus se portent sur les cuisines qui, désormais, ont plutôt des airs de salle de production. Plus aucun cuisinier qualifié n'y travaille, on n'y trouve plus qu'une main-d'œuvre bon marché. Celle-ci assemble les hamburgers en opérant toujours les mêmes gestes, comme s'il s'agissait de construire de petites machines. On y travaille au rythme des commandes : l'un fait cuire le burger, un autre le pose sur le demi-pain du dessous. Et maintenant, vite, vite, il s'agit d'agrémenter la viande avec de la moutarde, du ketchup, des oignons et du concombre. Et de poser le demi-pain supérieur sur l'ensemble. C'est prêt. Le hamburger coûte 15 cents.

L'espace entier de ces cuisines et de leurs différents postes de travail est conçu en fonction des gestes que les employés sont chargés de réaliser et de l'espace qui, dans chaque cas, est nécessaire à la réalisation de ces gestes, de manière que les burgers et les frites soient produits selon une chorégraphie sans heurts – une symphonie de l'efficacité. Tournant le dos aux préposés à la fabrication du burger, l'employé qui se tient à la caisse est le seul à être en contact avec la clientèle, c'est lui qui prend les commandes. Car l'autre innovation radicale, là encore synonyme de suppression, est la suivante : c'est au client de venir lui-même à la caisse passer directement commande et de venir chercher lui-même son sachet en papier bien chaud. Lorsque les frères McDonald transformèrent leur drive-in, les clients n'y comprirent dans un premier temps absolument rien. Ils restaient sur le parking et klaxonnaient avec agacement, se demandant pourquoi personne ne venait prendre leur commande. Mais cette innovation ne tarde pas à être adoptée, car elle aussi est synonyme de plus grande rapidité : l'employé de bureau stressé n'a plus à supporter, au cours de sa pause de la mi-journée, la moindre escarmouche avec une serveuse empruntant des itinéraires tout à fait biscornus pour prendre les commandes et apporter la nourriture. Désormais, on entre, on commande et on reçoit sur-le-champ sa pitance, que l'on peut engloutir directement, avec l'immédiateté d'une perfusion, sans devoir perdre un temps précieux à s'affairer avec des couverts. (Notons toutefois, par souci d'équité, qu'un burger ne se savoure en tout cas véritablement qu'à la condition de le tenir bien en main et d'assimiler à chaque bouchée son architecture entière, l'édifice fait de viande, de pain, de sauces et de garniture épicée-acide. Lorsqu'on le découpe à l'aide d'une fourchette et d'un couteau et qu'on le décompose donc, en le faisant se désagréger pour ainsi dire, le burger en vient à perdre toute forme, il n'est plus qu'une atrocité faite d'ingrédients de peu d'intérêt.)

Toujours plus vite, toujours plus haut, toujours plus loin ! se motive l'homme, et telle est bien l'idée de base du *fast food.* De surcroît, le repas efficace est aussi un enfant de l'après-guerre, une ère de la reconstruction et du sens de l'initiative où le dur labeur conduit à la reconnaissance sociale. Manger vite, c'est aussi faire taire l'individu et ses aspirations, pour ne nourrir en quatrième vitesse que le bourreau de travail. Quelques décennies plus tard seulement, lorsque les mots clés « individualité » et « souci de soi » accapareront l'attention, on mangera de nouveau avec lenteur tandis qu'une nouvelle expression fera son apparition : *slow food.* Et il ne faut pas s'en étonner.

Vers 1950

Bánh mi, Vietnam

Saigon dans les années 1950. Les bicyclettes et les pousse-pousse déferlent sur les larges avenues. Quelques automobiles klaxonnent au milieu de cette marée. Un agent de la circulation, debout sur une petite estrade, solitaire, au cœur de ce chaos, lève et abaisse les bras sans s'attirer pour autant une grande attention – tel le chef d'un orchestre imaginaire. Les cimes des hauts tamariniers viennent presque s'appuyer contre les façades des rangées d'immeubles, leurs fins feuillages tremblotant dans l'air chaud. Des commerçants remorquent leurs marchandises jusqu'au nouveau marché *Bên Thành*. Les chapeaux de forme conique dessinent d'immenses vagues ondoyantes. Des dames élégantes en robe de soie moulante sont assises aux terrasses des cafés sous des marquises bariolées, y observant les flâneurs qui déambulent sous leurs yeux au milieu de la foule affairée. L'époque de la domination coloniale française approche certes de sa fin, mais tout est encore imprégné du savoir-vivre européen. En témoignent aussi les innombrables étals de rue sur les tables bancales desquels s'empilent de longs pains couleur jaune d'or : des baguettes. C'est là que l'on vend le *bánh mi*, cette merveille de sandwich que l'on doit à la fusion de la cuisine vietnamienne et de la cuisine française.

Comme tout en-cas vendu dans les rues à très grande échelle, le *bánh mi* (le mot signifie tout simplement « pain ») se prête à d'innombrables variantes mais, au fond, c'est bien d'une baguette qu'il s'agit d'abord et avant tout. Ici, à Saigon, elle est toutefois plus courte que la version originale. Le prix du blé au Vietnam étant très élevé, le *bánh mi* est cuit avec de la farine de riz, ce qui rend sa croûte plus craquante encore. À l'intérieur, il reste d'une belle douceur, de nombreux et minuscules creux y accueillent durant la cuisson au four l'arôme vaporeux et odorant. Jusqu'au début des années 1950, à Saigon, c'est bien volontiers qu'on mange le matin cette baguette modifiée, avec du beurre et du sucre. On la cuit dans la rue, sur les étals, telle que les Français la connaissent et l'aiment ; on la savoure beurrée, ou accompagnée de mayonnaise ou encore, par exemple, de pâté, et on la garnit de jambon.

En 1954, c'est la partition du Vietnam, qui se sépare définitivement de la France. De nombreux Vietnamiens du Nord rejoignent maintenant le Sud et Saigon en est chamboulée comme jamais, ce qui conduit à des bouleversements culturels qui se traduisent concrètement jusque dans les assiettes des Vietnamiens mais aussi jusque dans les moindres recoins culinaires du pays que sont ses cuisines de rue : c'est précisément à ce moment historique explosif que le *bánh mi* déploie toute sa force, jusqu'alors insoupçonnée. La baguette demeure au fondement et reste l'enveloppe du *bánh mi*, et on continuera d'étaler dessus avec dextérité pâté et mayonnaise. Mais, désormais, l'intérieur du pain accueille en lui des éléments qui, en raison de l'intensité de leur saveur, tranchent fortement avec les précédents contenus : du piment fort, des herbes fraîches comme la coriandre, des légumes crus, des concombres ou des radis qu'on a fait mariner, de la viande grillée, souvent aussi de la charcuterie vietnamienne spéciale, relevée avec de la sauce de poisson, ou encore une version locale du fromage de tête.

On parachève encore volontiers cet hybride en jouant sur les contrastes, avec quelques larmes de sauce Maggi, par exemple – et ce sont d'ailleurs les Français qui, là encore, ont apporté celle-ci, de Suisse. Le *bánh mi* est fusion pure mais, avant toute chose, il est incroyablement savoureux, et à un point quasi obscène.

Si la nourriture est bien le fruit distillé d'une culture, l'essence d'une nation, alors il s'avère, en tout cas ici, qu'elle change constamment d'aspect et de saveur : « L'appropriation et l'adaptation, écrit Andrew Lam, sont des réflexes pour les Vietnamiens, elles donnent expression à leur instinct de survie. » Après tout, le Vietnam est « un pays qui n'a pas cessé d'être convoité par d'autres et qui, ces dix derniers siècles, a été colonisé et dominé à répétition[1] ». C'est tout d'abord la Chine qui règne sur le Vietnam durant un bon millénaire. Puis viennent des siècles d'indépendance au cours desquels le pays est gouverné par une succession de dynasties. Et enfin arrivent les Français. On débat encore aujourd'hui de la question de savoir si un autre plat national vietnamien, la soupe *phở bò*, remonte d'un point de vue étymologique au terme cantonais *luc pho* – pour « viande de bœuf avec vermicelles » – ou si son nom n'est pas plutôt dérivé du français « pot-au-feu ». Quelle langue… Le vietnamien est, nous dit Lam, une « fusion de français, de chinois, de dialectes khmer, hmong et cham et d'une ribambelle d'autres langues locales[2] ». Ce patchwork identitaire fait la trame même de l'ensemble des aspects de l'existence et il se condense tout particulièrement dans la cuisine du pays.

La nourriture étrangère signifie toujours aussi : ingérer l'étranger. En l'espèce, la part française a été dévorée à belles dents et appropriée de longue date lorsque le *bánh mi* devient un article à succès. Son identité, qui fusionne diverses influences, est déjà réécrite. La baguette a elle aussi une histoire lui appartenant en propre dont il faut répertorier les grandes étapes. Certes, en France, on la cuit déjà au four aux alentours de 1600 – et à cette date elle est considérée depuis longtemps comme le pain des classes supérieures : c'est qu'elle ne tarde jamais à devenir extrêmement pâteuse et fade, à tel point qu'il faut continuellement en acheter une nouvelle. Mais ce sont avant tout les voyageurs francophiles enthousiastes des débuts du XXe siècle qui diffusent dans le monde l'image de la baguette typiquement française : la boulangerie parisienne, dans laquelle s'empilent les baguettes de tradition tout juste sorties du four, devient un objet d'aspiration nostalgique. Et c'est donc avant tout à l'étranger que le long pain se voit désigner comme un emblème national. Les Français, pour leur part, y souscrivent volontiers, tout en assimilant et transformant à leur manière ce regard extérieur.

Les maîtres coloniaux apportent donc leur pain datant des temps féodaux dans ce pays dont les populations colonisées vont se charger de le transformer : dès lors, on pourra l'acheter à petit prix sur n'importe quel stand de cuisine de rue. Ce mets qui est donc un véritable conglomérat d'identités nationales, lesquelles s'y trouvent pour ainsi dire stratifiées, devient ensuite l'objet de diverses adaptations, jusqu'à devenir quelque chose de « typiquement vietnamien » arborant avec évidence et fierté son caractère métissé. C'est ensuite la guerre du Vietnam et le *bánh mi* se répand avec les réfugiés dans le monde entier. Aux États-Unis aussi, il est bien connu et très apprécié, considéré avant tout comme un élément non négligeable de la culture dite du *food-truck*, du camion-restaurant, qui s'épanouit dans les années 1980. Et, bien évidemment, on peut aussi aujourd'hui le consommer à chaque coin de rue de Saigon – ou Hô Chi Minh-Ville – tandis qu'à l'arrière-plan pétaradent d'innombrables vélomoteurs jouant des coudes – une nuée de vélomoteurs si impressionnante qu'elle donne un sentiment d'absurdité.

1955

Toast Hawaï, République fédérale d'Allemagne

C'est comme un éternel mouvement pendulaire : l'homme réagit aux périodes de privation et d'angoisse en faisant preuve de voracité, jusqu'à la sursaturation. Songeons seulement au Moyen Âge et à ses grandes bouffes succédant aux grandes sécheresses et aux récoltes avariées. Ou aux tables surchargées des très baroques maisons princières au lendemain de la guerre de Trente Ans. À l'issue du chapitre le plus sombre de son histoire, l'Allemagne de l'après-guerre réagit également de cette façon, en montrant une forte attirance pour les calories : gâteau à la crème au beurre, épaisses sauces émulsionnées, mayonnaise, liqueur d'œufs… Et bien évidemment le toast Hawaï. Un symbole de l'aspiration nostalgique qui s'empare alors des Allemands – on se tourne alors avec mélancolie vers les mers du Sud – et qui adopte la forme de tranches de pain blanc et de tranchettes de fromage. Et qui se ramène à une tentative de refoulement implorant par ailleurs la clémence.

« Bonsoir, chère communauté des gourmets ! » s'exclame en ouverture de son émission *Bitte in zehn Minuten* (*S'il vous plaît en dix minutes*) le premier chef cuisinier de la télévision allemande, Clemens Wilmenrod de son nom d'artiste. Et d'accompagner tous ses gestes réalisés dans sa cuisine-studio de télévision par un fier rire moqueur. Acteur de formation, quoique raté, et montrant par ailleurs un fort penchant pour les moyens de financement les plus douteux – la pratique de la publicité déguisée et celle du placement de produit l'enverront même un temps en prison –, Wilmenrod est communément considéré comme l'inventeur du toast Hawaï (même s'il fut vraisemblablement au moins inspiré en cela par la publicité d'un fabricant américain de conserves de jambon). C'est en 1955 qu'il montre pour la première fois comment préparer le toast Hawaï : on prend une tranche de pain de mie légèrement grillée et on l'enduit d'un peu de beurre. On pose dessus une tranche de jambon cuit avant d'y déposer ensuite l'ingrédient qui décide de tout et qui donne son nom à l'ensemble : de l'ananas, là encore une tranche, tirée de la conserve où le fruit tropical baigne dans son jus sucré. Enfin, de petites tranches de fromage. On se souciera peut-être de placer au-dessus de tout cela une cerise cocktail parfaitement collante à force de suavité, histoire d'ajouter au tableau une très effrontée tache de couleur vive. L'œuvre toute en strates peut alors être mise à cuire quelques minutes au four.

Attention : le fromage gratiné et le jus d'ananas chaud, qui imprègne de sa suave acidité les tranchettes, dès lors particulièrement fondantes, peuvent brûler les palais ! Le pain de mie s'imbibe de tout ce qui a été placé sur lui et, en refroidissant, il perd rapidement de sa forme pour se transformer en une sorte de gloubi-boulga. C'est ainsi qu'il assouvira le désir de graisse, tel un doudou réconfortant, quoiqu'un tantinet poisseux. Ce qui semble ici si inédit et si « exotique » pour le goût en vigueur en Allemagne en ces années 1950, c'est la combinaison de sucré et de salé, que la cuisine allemande a oublié de très longue date. Avec le toast Hawaï, les deux saveurs entrent plus que violemment en collision. Le toast Hawaï n'est en rien un plat raffiné, il ne joue pas subtilement avec les arômes mais se contente de les balancer allègrement l'un contre l'autre. C'est l'ananas en boîte qui suscite ici le sentiment d'aspiration nostalgique, un idéal « *aloha* » petit-bourgeois. Toutefois, le fruit exotique invite effectivement à nourrir des rêves de contrées éloignées et encore inconnues ainsi que de périples au long cours. Tous ceux qui restent chez eux en éprouvant un vif besoin de courir le vaste monde peuvent se raccrocher à lui pour fantasmer comme ils l'entendent.

C'est nul autre que Christophe Colomb qui a fait découvrir l'ananas au monde occidental. En 1493, sur l'île de la Guadeloupe, il remarque qu'un gros fruit à la forme étrange, armé d'écailles piquantes et couronné par une touffe de feuilles épaisses se hérissant de très offensive façon, est posé devant chaque hutte. Il apparaît que ces formations bizarroïdes sont autant de signes d'hospitalité. Au XVIIe siècle, les Néerlandais cultivent les plantes d'ananas dans leurs jardins botaniques et dans les premières serres. Au siècle suivant, l'aristocratie de Grande-Bretagne leur emboîte le pas et cultive elle aussi le fruit dans ses jardins – une entreprise onéreuse : les rejets doivent être plantés dans des cavités aux parois en briques que l'on recouvre de plaques de verre. En hiver, les plantes sont déménagées dans des serres chauffées à l'aide de fours. Sur les tables croulant sous les fruits – qui y font office de décoration –, l'ananas se distingue nettement des autres : on le considère comme une pièce de luxe toute particulière. Celui qui ne peut se l'offrir l'emprunte pour un soir à un marchand spécialisé. Sa forme étrange inspire les fabricants d'objets en porcelaine, les orfèvres et les architectes. Au XIXe siècle, les serres gagnent en dimensions, il devient plus facile de se procurer ce fruit. En 1829, l'exposition parisienne *Corporama* présente à ses visiteurs éberlués des reproductions grandeur nature de plantes et de fruits tropicaux que l'on ne connaissait jusque-là que sous une forme pulvérisée ou sèche (café, cacao, thé, poivre) ou que l'on ne trouvait que sur les tables des élites, à l'instar de l'ananas. Un univers entier de couleurs et de formes enflammées, sensuelles, finement modelées dans de la cire, semble être à deux doigts de faire éclater les vitrines. À la fin du XIXe siècle, l'ananas en conserve arrive sur le marché, le fruit devient un produit de consommation de masse. Simultanément, de grandes plantations font leur apparition, à… Hawaï.

Avec le toast Hawaï, le rêve de la plage et de ses palmiers déferle désormais dans les cuisines allemandes, et fait des émules : steak Hawaï, escalope Hawaï, salade de fruits Hawaï, salade de volaille Hawaï et salades de jambon Hawaï… Les morceaux de musique diffusés à la radio ne sont pas en reste : « Haïti chérie », « Rêves des mers du Sud » ou « Rose de Tahiti », tels sont les titres de ces chansons où les voix sont accompagnées par l'inévitable ukulélé et dont les textes témoignent d'une indifférence rafraîchissante pour toute idée d'authenticité. Hawaï demeure une surface de projection pour toutes sortes de fantasmes, ce dont on a d'ailleurs vaguement conscience, comme dans la chanson de Vico Torriani « Waikiki (lèvres de vin) » : « Mer bleue / plage de palmiers / Waikiki / Je n'oublierai jamais. / Les baisers de Hawaï / sont si doux et sucrés / car ce n'est qu'à Hawaï / que se trouve le Paradis. »

Les sons apaisants du hula, la suave luxuriance de la nourriture sont autant de doux sédatifs pour un pays qui vit encore dans des ruines. Les traumatismes de la guerre, mais aussi la douloureuse question de la culpabilité, doivent être expulsés d'une manière ou d'une autre de la conscience collective. Ce n'est que bien plus tard que le pays s'efforcera d'affronter ce passé. Pour le moment, on préfère prendre une tranche de pain de mie américain, un fruit du Sud sucré à l'extrême, du fromage industriel bien gras et encore un peu de ce jambon cru dont on avait si longtemps manqué, pour créer avec tout cela un plat qui promet l'entrée dans la modernité, l'ouverture au monde et peut-être même un peu de rédemption paradisiaque. Moins de dix ans après la fin des abominations du national-socialisme et d'une guerre à la brutalité inconcevable, le toast Hawaï fournit tous les ingrédients nécessaires à une petite méditation sur la capacité d'oubli humaine.

1958

Soupe de vermicelles du peuple, République populaire de Chine

En ce printemps 1958, un vacarme inconcevable vient ébranler le moindre recoin de la République populaire de Chine. Un tohu-bohu de bruits métalliques, descendant des toits, parcourant les ruelles, traversant les champs. Tout Chinois, à partir de 5 ans, a en effet reçu l'ordre du quartier général stratégique de se lever à 4 heures du matin et de se mettre immédiatement à tambouriner comme un dément, dans une absence totale d'inhibition, sur les casseroles, les récipients en fer blanc et tout ce qui est susceptible de faire du bruit autour de lui en poussant des hurlements stridents. La Chine, en ce jour, défend sa pitance. Du moins le croit-elle.

Car le président Mao déclare partout que la Chine est affligée à ce moment par quatre fléaux : les moustiques, les mouches, les rats et les moineaux. Ces quatre espèces introduiraient des maladies et dévoreraient les réserves de nourriture. Ce sont les moineaux qui, de l'avis de Mao, représenteraient à coup sûr le danger le plus grand, même si l'idée qu'ils dévorent les récoltes dans les champs et ne reculent pas non plus devant les semences entreposées dans les granges se révèlera plus tard tout à fait fausse. C'est pourquoi le grand timonier appelle la population à chasser les moineaux – et il ne s'agit là que de l'une des nombreuses actions étranges menées dans le cadre de sa campagne dite du « Grand Bond en avant ». Le vacarme proprement infernal qui en résulte a pour effet de dissuader les oiseaux de se poser où que ce soit afin de se reposer. L'effet recherché se produit effectivement : trois jours durant, il pleut littéralement des petits oiseaux, morts d'épuisement en plein vol. Les grandes gagnantes de cette campagne d'extermination sans équivalent sont les sauterelles qui, tout à fait débarrassées de leurs prédateurs, se reproduiront dès lors dans des proportions monstrueuses avant de ne plus rien laisser dans les champs.

Une mauvaise idée ? Que oui, et il y en aura bien d'autres. Car Mao entend bien reconfigurer de façon radicale le pays entier, un état d'esprit socialiste devant imprégner le peuple – et d'ordonner dans la foulée la collectivisation contrainte et forcée. Les paysans sont expropriés, leurs cuisines entièrement vidées, tous les woks, toutes les casseroles et autres plats creux leur étant enlevés, les réchauds étant quant à eux détruits. Les camarades mangeront à partir de maintenant à la cantine populaire. Et autant qu'ils le souhaitent. Le journal du Parti communiste annonce triomphalement : « La commune populaire [...] conduira bientôt ses membres dans un pays des merveilles encore jamais vu dans l'histoire. C'est un royaume de la liberté qui resplendira, où chacun travaillera selon ses possibilités et obtiendra tout ce dont il aura besoin[1]. »

Sur les chaises et les tabourets qui ont été dérobés dans les maisons de paysans et qui forment désormais dans ces cantines de très disparates cohortes s'asseyent des collectifs non moins hétéroclites. Leurs membres s'étonnent grandement et de concert des quantités d'aliments acheminées dans ces cantines : légumes, casseroles de riz, soupes de vermicelles, petits pains cuits à l'étuvée, épaisse bouillie d'avoine et viande de porc (dont on dit qu'elle est le mets préféré de Mao Zedong, à qui l'on prépare quotidiennement du lard de poitrine braisé, laissé longtemps à mariner dans un mélange de sauce au soja et de vin de riz de Shaoxing, auquel on ajoute du gingembre, des oignons de printemps, de la cannelle, de l'anis étoilé et des feuilles de laurier)... Personne ne sait d'où viennent exactement ces quantités astronomiques qui atterrissent dans les assiettes – d'autant que plus grand-chose n'est cultivé dans les champs, les paysans se voyant confier une tout autre mission. Car Mao ordonne d'autres mesures pour le moins téméraires et, notamment, que des hauts fourneaux soient érigés partout dans le pays. Les constructions bancales, laborieusement vissées par des amateurs, en viennent à surplomber toutes les arrière-cours de Chine, et il s'agit de les alimenter jour et nuit. C'est ainsi que le président entend mettre en branle une puissante révolution industrielle. En quinze ans – tel est son pronostic d'un optimisme difficilement égalable –, l'industrie sidérurgique chinoise sera plus puissante que celle de l'Angleterre. C'est en toute confiance que les Chinois jettent dans les gosiers de leurs hauts fourneaux improvisés ce dont ils ont le plus besoin au quotidien : leurs woks et leurs casseroles. Mais aussi les ustensiles indispensables pour travailler aux champs. Tout cela donne des résultats très improbables : les objets qui en ressortent se révèlent parfaitement inutilisables. L'avenir d'un pays, déformé et brisé, ressemblant à une mauvaise sculpture en ferraille parfaitement inutile.

C'est probablement dans les cantines populaires que les premiers signes de la catastrophe désormais inéluctable se font directement sentir. Jusque-là, chacun pouvait s'y resservir autant qu'il le souhaitait, et malgré cela il restait toujours de la nourriture que l'on jetait ensuite avec désinvolture. Mais bientôt la nourriture est rationnée. De subtiles luttes pour le pouvoir se déroulent lors de la distribution de soupe : de nombreux cuisiniers ne remuent pas correctement la casserole contenant la soupe de vermicelles et ne versent dans les assiettes du commun que le bouillon clair de sa partie supérieure. Les petits privilégiés, eux, se voient servir l'élément bien plus consistant qui se dissimulait au fond de la casserole. La nuit, les jardins et les champs doivent désormais être surveillés, protégés contre les voleurs. Car on ne trouve plus que des petits pains au maïs avec de l'écorce d'arbre. De la bouillie de céréales aqueuse. Des racines à la place des nouilles.

Et on ne peut plus rentrer les récoltes. Le « Grand Bond en avant » se transforme en chute libre dans la catastrophe absolue, la plus sombre qui soit. La reconfiguration radicale du territoire national à laquelle aspirait Mao est à l'origine de la famine la plus terrible de l'histoire de l'humanité.

C'est au plus tard à partir du XIXe siècle que l'approvisionnement des citoyens est considéré dans de larges parties du monde comme le premier devoir de l'État. La faim est un problème dont la solution incombe à tout appareil étatique. La campagne de Mao représente une affreuse rupture avec ce devoir. Une nouvelle fois, la nourriture fait l'objet d'un usage abusif à des fins politiques : on en fait un instrument de propagande impudente et un moyen de tromper les citoyens désormais contraints de fréquenter les cantines populaires, où ils ingèrent – sans que personne le leur dise – les dernières réserves encore existantes. Naturellement, le grand timonier n'admettra jamais s'être trompé. Tout de même : au bout de quelques années, les moineaux (ceux qui n'auront pas été exterminés) cesseront d'être en butte aux attaques. C'est que les punaises de lit auront été déclarées nouvel ennemi du peuple.

1969

Bouillon de volaille déshydraté, partout dans le monde

L'homme veut découvrir. L'homme veut manger. Cette dernière activité l'oblige à relever des défis toujours nouveaux. La conserve a amené l'homme jusqu'au pôle Nord, mais désormais c'est l'espace qu'il veut explorer. Cette entreprise exige un type entièrement nouveau de ravitaillement. Toutefois, il faut tout d'abord expliquer ici quelque chose de fondamental : lorsque, en 1961, le Russe Youri Gagarine est le premier homme à voyager une heure durant dans l'espace, on ignore encore si l'organisme humain peut ingérer de la nourriture en état d'apesanteur et on craint que le cosmonaute ne s'étouffe en tentant de le faire. C'est en nourrissant des sentiments plutôt mêlés qu'on imagine Gagarine en train d'avaler ses quelques provisions – un tube de viande en purée et un autre de crème au chocolat. Mais tout se passe bien, Gagarine revient sur la Terre sain et sauf. Et les Américains, passablement mortifiés par le succès soviétique, d'annoncer qu'ils vont être les premiers à envoyer un homme sur la Lune.

Une expédition vers la Lune dans une fusée du XXe siècle dure bien moins longtemps que n'importe quel voyage vers le pôle Nord organisé un siècle plus tôt – des expéditions polaires qui, en ce temps-là, supposaient de remplir à ras bord de conserves des navires entiers. Pour cette première mission lunaire, les trois astronautes Neil Armstrong, Buzz Aldrin et Michael Collins peuvent compter sur des réserves pour huit jours. Mais la place allouée à ces réserves est limitée, et même si, à cette date, on sait désormais de façon certaine qu'il est possible de manger en état d'apesanteur, l'absence de gravité pose néanmoins un certain nombre de problèmes aux spécialistes chargés de concevoir l'alimentation des astronautes. Un pain, par exemple, peut devenir dans le cosmos une menace mortelle, car il s'émiette. Les minuscules particules de la croûte très croustillante se mettraient forcément à flotter dans l'habitacle, sans but ni possibilité de les contrôler, pour aller peut-être, dans le pire des cas, se nicher au cœur des appareillages et les paralyser ou encore obstruer les filtres particulièrement sensibles de la très sophistiquée fusée. Le pain, l'une des denrées alimentaires les plus anciennes et les plus importantes, doit être laissé sur la planète où il est apparu. Il faut que les aliments soient conçus de manière à ne pas se désagréger sitôt extraits de leur contenant ou que l'on morde dedans. Ils doivent fournir autant que possible aux astronautes, dont les organismes sont menacés de fonte musculaire, des protéines, des graisses, des vitamines et des glucides, mais ces nouveaux aventuriers sont contraints de se passer de fibres alimentaires.

Les tout premiers astronautes, comme Gagarine, tètent l'extrémité de tubes en métal pour aspirer leur pitance, une pâte facile à digérer et riche en substances nutritives. On fait également des expérimentations avec des plats adoptant la forme de dés de la taille d'une bouchée. Avant le premier vol dans l'espace couronné de succès, on imagine en Union soviétique concentrer la nourriture dans de petites pilules – un vieux rêve né vers la fin du XIXe siècle, à l'ère de l'industrialisation, quand l'humanité connaît encore des famines dévastatrices. Mais cette superpilule reste de l'ordre du rêve jamais atteint. Avant même le premier alunissage, la nourriture des astronautes a déjà dépassé son stade initial – celui des tubes et des dés –, sans doute et surtout parce que cette manière de s'alimenter se révèle être trop étrangère à l'homme, trop technicisée. Même lorsqu'il s'envole pour rejoindre les étoiles, l'homme n'en doit pas moins demeurer homme et n'entend donc pas abandonner ses conquêtes civilisationnelles : « Incroyable, mais nous avons ici de la soupe de poulet ! » annonce ainsi l'astronaute Collins dans un message radio, en éprouvant de déconcertants sentiments d'euphorie – ceux d'un voyageur découvrant son plat national au menu d'un piège à touristes au cœur d'une lointaine ville étrangère.

Déshydratation et lyophilisation, telle est la solution. Dans le module *Apollo 11*, du ragoût de bœuf, des spaghettis à la sauce de viande hachée, des pains aux fruits secs et de la salade de cervelas, par exemple, sont conditionnés sous forme de poudre sèche à l'intérieur de poches en plastique. Il suffit d'y introduire de l'eau chaude pour que la préparation soit prête. On pétrit bien la poche et le tour est joué : de la soupe au poulet ! Le café est lui aussi prêt à la dégustation dans les poches qui lui sont dédiées, noir, avec crème ou avec sucre. Les astronautes en boivent bien volontiers lorsqu'ils profitent d'une pause pour contempler la Terre. Armstrong et Aldrin en boivent aussi un en guise de conclusion à leur premier repas pris dans le module lunaire (au menu : tranches de lard, pêches, gâteaux secs en forme de dés, jus d'ananas et de pamplemousse). On sait que le boire et le manger ont un fort caractère rituel et cette dimension-là est poussée à ses extrémités lorsque le module vient se poser sur la surface de la Lune : Buzz Aldrin a glissé dans ses affaires une hostie, de la taille d'un ongle, ainsi qu'une mignonnette de vin, qu'il sort maintenant pour un premier dîner dans l'Univers.

La nourriture des astronautes n'est consommée que par un très petit cercle. Mais elle a forgé jusqu'à nos jours l'image que nous nous faisons de la nourriture de l'avenir. C'est précisément la première forme qu'elle adopta – tubes, dés et poudres – qui se montre encore et toujours présente dans les visions futuristes. En 1973, le film *Soleil vert* projette le spectateur dans un avenir encore fort éloigné, l'année 2022, où les populations les plus pauvres de la planète, au moins, se nourrissent de tablettes synthétiques de couleurs rouge, jaune et verte, les vertes étant – nous sommes bien ici dans un film d'horreur dystopique – des concentrés de chair humaine. En 1997, dans *Le Cinquième Élément*, Leeloo Minai Lekatariba-Lamina-Tchai Ekbat De Sebat (jouée par Milla Jovovich), montrant une humeur nettement plus enjouée, dépose une superpilule dans un plat qu'elle enfourne au micro-ondes, pour en retirer deux secondes plus tard à peine un énorme poulet rôti et bien cuit généreusement accompagné de ses légumes. Et dans *Le Réveil de la force* (2015), au cœur du lugubre univers de *Star Wars*, Rey, la pilleuse d'épaves, verse, à l'issue d'une journée stressante, une poudre dans de l'eau chaude, une belle miche de pain en résultant dans la foulée, telle une parenthèse réconfortante.

Le voyageur de l'espace se détache de la Terre qui, soudain, se retrouve immensément loin. Il se détache aussi de son propre corps : dans l'état d'apesanteur, ses muscles fondent comme neige au soleil faute de travailler, et sa tête enfle. Il perd le goût, les astronautes ayant manifestement, en raison même de l'absence de pesanteur, le nez bouché en permanence. C'est pour cela que la soupe de poulet, pourtant familière depuis toujours, a un goût inconnu et fade, mais aussi parce qu'elle a été déshydratée et déconstruite au préalable. Ce voyageur de l'espace peut l'assaisonner à sa façon, en recourant par exemple à de l'eau salée et à du poivre dissous en huile (de même qu'avec les miettes de pain, il est hors de question que le sel comme le poivre se mettent à flotter à l'intérieur de la fusée). La soupe dans sa poche en plastique est donc un aliment un peu plus présent que d'autres, peut-être parce qu'il s'agit de faire goûter à cet organisme devenu étranger une saveur qui lui rappelle son chez-soi. L'avenir aussi a ses instants de nostalgie.

Vers 1970

Buffet, République fédérale d'Allemagne

« À l'âpre bataille du buffet froid / Un homme montre sa vraie valeur / Et face à face, à armes égales / On voit ici qui sait se battre [...] Une dame rêve en souriant d'une mort héroïque / Couchée dans le caviar et le mousseux / Tout en bourrant prestement son sac à main / de tout ce qui peut encore traîner », chantonne le chansonnier Reinhard Mey au début des années 1970. Grâce aux années du miracle économique, de nombreux foyers bourgeois de la République fédérale d'Allemagne jouissent d'une réelle stabilité et d'une certaine aisance. Après des décennies tout à fait sinistres, on festoie volontiers de nouveau. Fêtes de famille, jubilés, anniversaires... Tout est prétexte bienvenu à recevoir chez soi. Toutefois, on manque maintenant de place pour organiser des dîners tels que les générations précédentes en rêvaient encore, avec plan de table, plats chauds et serviettes en damas repassées, et le personnel de maison fait également défaut. Le métier de femme de service approche de sa fin. Et c'est ainsi qu'une forme de repas jusqu'alors peu pratiquée devient à la mode. Certes, elle existait déjà auparavant mais, désormais, elle convient très exactement aux circonstances et à l'esprit du temps : je veux parler du buffet.

« Un buffet froid sera, lors de nombreuses fêtes, très apprécié des invités mais aussi très pratique pour la maîtresse de maison », lit-on dans la *Kalte Küche von A-Z* (*La Cuisine froide de A à Z*) de l'année 1977. « De surcroît, il permettra de servir de nombreux invités, y compris dans des espaces réduits. » Si, ce samedi midi, la sonnette retentit donc avec une belle constance chez tante Gudrun et oncle Günther, c'est qu'ils fêtent leurs noces d'argent. L'appartement, sis dans une construction moderne de l'après-guerre, est richement décoré, la bibliothèque avec mini-bar intégré qui occupe un mur entier resplendit d'un éclat inhabituel, les premiers disques viennent tout juste d'être mis sur l'électrophone. Le matin, oncle Günther a poussé contre le mur la table à manger, dans un joyeux tintouin, car comme le recommande notre guide pratique : « Installez la plus grande table de la maison contre le mur ou au milieu de la pièce – en tout cas de manière à faciliter autant que possible l'accès au buffet mais aussi les déplacements autour du buffet ainsi que le trajet reconduisant à la place assise qu'on occupe[1]. »

Cette manière désormais familière de présenter des mets à ses invités était sans doute encore tout à fait étrangère aux parents de l'oncle Günther. Dans l'*Illustrierte Tafelkultur* (*La Culture de table en images*) de Louis Fritzsche, publiée en 1918, il est également question du buffet, mais celui-ci y est plutôt envisagé comme un pis-aller, pour des situations où il n'est pas possible de concevoir une table digne de ce nom – parce qu'on organise un concert à la maison, par exemple, et qu'« un si grand nombre d'invitations ont été envoyées qu'il sera ensuite impossible de proposer à tous les invités de s'asseoir autour d'une table ». Donc allons-y pour un buffet, mais il s'agira alors de dissimuler cette tache indélébile au moyen d'un décorum particulièrement pompeux, dans l'idéal en posant dessus plusieurs imposants bouquets de fleurs et, comme le propose en outre Fritzsche, en tendant une tente orientaliste au-dessus. Enfin : « Six personnes environ seront assignées au service d'un tel buffet[2]. »

Pour en revenir à aujourd'hui : tante Gudrun a suivi les tuyaux d'un conseiller *ès* plats froids, plus en phase avec l'époque, et elle a étalé sur la table plusieurs couches de film de protection, qu'elle a acheté pour pas grand-chose dans un magasin spécialisé. C'est la veille seulement qu'elle a pour l'essentiel préparé les plats, tous seront mangés froids (une autre manière de se simplifier la vie : on n'a pas à se soucier de jouer avec les différentes températures dans les assiettes ni à s'inquiéter des odeurs s'échappant du four encore chaud). Et, bien évidemment, personne ne se tiendra derrière le buffet pour y servir les invités. Chacun se sert soi-même et peut accéder pour cela à la table de tous les côtés ; on évite ainsi la cohue virant à l'âpre bataille évoquée au début de ce chapitre, les uns et les autres pouvant en toute sûreté regagner leur place avec leur assiette dûment remplie. On s'assied où l'on veut et on reprend la conversation là où on l'avait laissée, ou alors c'est une nouvelle causerie qui débute. Tout cela marque la fin soudaine de la traditionnelle conversation à table puisqu'il y en a toujours un pour se lever de nouveau et aller chercher une portion supplémentaire, ce qui a le don d'interdire tout échange suivi et donne une culture du papotage sans façon.

Le buffet est un moyen d'échapper à toutes les conventions de table figées qui se sont accumulées au fil des derniers siècles. Il n'est plus question désormais de rejoindre de concert, sur un mode pour ainsi dire chorégraphique, la table que préside le maître de maison, décidant du moment où débute le repas mais aussi du moment où il prend fin. On n'y trouve plus d'innombrables couverts aux fonctions les plus diverses. Plus personne pour apporter et emporter les plats. Cette démocratisation a quelque chose de léger et de ludique. Alors que la *fast food* est synonyme de réduction radicale, le buffet resplendit dans une atmosphère de joie festive sans réserve, qui s'exprime aussi dans le nombre toujours plus grand de petites piques bariolées au moyen desquelles peuvent être décorés tous les canapés. En Allemagne, les grands classiques du buffet que sont le *Mettigel*, ce plat de viande crue hachée à l'apparence de hérisson, les tomates décorées en amanites tue-mouches, le *Käseigel*, cet assortiment de brochettes de carrés de fromage ayant là encore l'apparence d'un hérisson, mais aussi les œufs à la russe que l'on remplit à l'aide d'une seringue de dosage, ou encore les brochettes de pain de seigle noir, ont quelque chose à voir avec ce penchant presque infantile conduisant à minimiser l'importance de la nourriture et à la banaliser.

Les plats de tante Gudrun sont donc prêts, tous sont soigneusement surmontés de petits fanions multicolores, comme autant d'artefacts embrochés et exposés dans la vitrine d'un musée. Alors qu'un repas festif se composant de plusieurs plats servis à la suite évoque un opéra en plusieurs actes, ici les hors-d'œuvre, le plat de résistance et le dessert s'offrent à la dégustation dans une forme de simultanéité hétéroclite et bigarrée. Tout de même, ils sont présentés aux convives conformément au sens de la lecture, de la gauche à la droite : il y a ce jour-là de la soupe froide à la betterave rouge, de la poitrine de dinde avec trois sauces à l'airelle différentes, trois salades de riz différentes (une avec du poisson fumé, une aux tomates, une dernière au curry et au poulet). On y trouve aussi du pain de viande hachée à la plaque et deux préparations au fromage (un camembert assaisonné mais aussi une crème au roquefort). Un ananas frais apporte à l'ensemble une touche d'exotisme. À l'extrémité droite du buffet, juste avant que la composition d'ensemble se termine par une grande *Bowle*, ce punch aromatisé à base de vin ou de champagne mêlé de sucre et de fruits, trône une tarte à la crème aux cerises.

La plupart des invités suivent l'ordre de présentation des plats. Mais selon le moment où l'on s'approche du buffet, il peut arriver que tel convive en soit déjà au dessert tandis que tel autre n'en est encore qu'à la soupe froide – une atteinte supplémentaire portée à la convention, à cette idée que le déroulement de tout repas serait l'objet d'un consensus tacite parmi les participants et donc orchestré comme sur du papier à musique. Liberté de décision pour tous les convives mais aussi pour celui ou celle qui reçoit. Une seule convention, un rituel, s'est attachée au buffet et s'y attache encore aujourd'hui. En l'occurrence, les plats qui y sont présentés ne doivent en aucun cas être touchés tant qu'un certain nombre d'invités ne sont pas encore réunis dans la pièce ; ils attendent donc, figés dans leur drôle de présentation. Ce n'est que lorsqu'il considèrera le moment venu que l'hôte prononcera enfin les mots libérateurs, qui tireront sur le côté l'invisible rideau : « Le buffet est ouvert ! »

1976

Sandwich Gatsby, Afrique du Sud

L'histoire débute avec un long pain blanc, si épais et long comme un bras qu'il peut être découpé en tranches dans le sens de la longueur. Et maintenant la garniture : du *polony*, soit une charcuterie qui ressemble à la mortadelle, et avec une bonne dose de pommes frites, des œufs frits et de la salade, tout cela en très riches quantités. Pour saler l'ensemble et lui donner une touche de fraîcheur, il faudra encore le relever, par exemple avec de l'*achar* d'origine indienne (des fruits et des légumes que l'on a fait mariner dans du vinaigre, de l'huile, du piment fort et diverses épices) ou de la sauce *peri-peri*, faite pour l'essentiel de piments rouges très forts et d'ail. Afin de pouvoir mordre dedans à belles dents, il faut prendre fermement en main le monstre stratifié et bien le comprimer, le palais se remplira ainsi à la vitesse de l'éclair d'une infusion de graisse au goût puissant – une bouffée d'interculturalité, celle-là même qui caractérise l'éventail culinaire de l'Afrique du Sud. Si les années suivantes de très diverses variantes dudit *sandwich Gatsby* seront élaborées, toutes ont deux choses en commun. Une fois garni comme il convient, le sandwich-mastodonte est emballé et emporté, on ne le mange pas sur place. Et il sera toujours divisé en quatre parts.

Le *Gatsby* est étroitement associé à Athlone, une banlieue du Cap. Jusque dans les années 1950, il n'y avait là que du sable, d'épaisses broussailles et quelques maisons de paysans pourvues de petits champs de légumes plutôt secs. Et allant et venant entre tout cela des antilopes. C'est au fil des *Group Areas Acts* que ces arpents de terre inhospitaliers en viennent à accueillir une population toujours plus dense, en l'espèce des *people of color*, des gens de couleur, qui en ces temps d'apartheid sont chassés des centres-villes et déplacés sous la contrainte. Des ensembles résidentiels, des maisonnettes et des cabanes se multiplient dès lors sur ces terres poussiéreuses. Les nouvelles résidentes d'Athlone devant désormais faire quotidiennement et péniblement la navette entre leur lointaine banlieue et le centre-ville où elles travaillent pour de très médiocres rémunérations, il ne leur reste plus beaucoup de temps pour cuisiner. Raison pour laquelle de petits snacks proposant de la nourriture à emporter à bas prix se multiplient dans le quartier. La culture du plat à emporter revêt en Afrique du Sud une forte dimension politique, car jusque dans les années 1990 les Noirs avaient en règle générale l'interdiction de rentrer dans les restaurants.

C'est précisément en 1976, l'année de la brutale répression du soulèvement de Soweto, année au cours de laquelle une grande fébrilité s'empare de la population noire dans l'ensemble du pays, que le *Gatsby* est inventé. À en croire la légende, Rashaad Pandy, le gérant d'un snack *fish and chips* d'Athlone, aurait en guise de remerciements promis à quatre hommes qui l'avaient aidé à déblayer un petit terrain un repas gratuit. Mais constatant qu'il n'y avait hélas quasi plus rien à leur préparer dans sa boutique, Pandy aurait conçu en un instant d'illumination culinaire un gigantesque sandwich composé de restes, en l'occurrence de charcuterie, de pommes frites, de salades, d'œufs frits et d'*achar*. Comme le veut la légende dans sa version originelle, il aurait rempli de tout cela la miche ronde d'un pain portugais avant de diviser celui-ci en quatre parts. L'un des ouvriers, mordant dedans à belles dents, aurait alors déclaré émerveillé que cette chose était un *Gatsby smash*, probablement en référence à la renversante fortune de *Gatsby le Magnifique*. De fait, l'adaptation du roman avec Robert Redford est projetée à cette époque dans les salles de cinéma. Dès le lendemain, Pandy propose à la vente sa création, sous le nom de *Gatsby*. Plusieurs clients lui signifiant avoir du mal à tenir le pain rond dans leurs mains, le propriétaire de la boutique aura dès lors recours à des pains longs. Il importe peu que l'histoire se soit ou non déroulée exactement de cette manière – c'est ainsi qu'elle est racontée depuis et elle est indissociable du *Gatsby* lui-même. Qui plus est, c'est là une histoire de collaboration entre plusieurs protagonistes : il y en a un qui invente le plat en guise de remerciement, un autre qui lui donne un nom et d'autres encore qui font évoluer sa forme. Le *Gatsby* est donc une œuvre collective de part en part, y compris pour ce qui est de la manière de le consommer. En raison même de ses dimensions, il est toujours divisé en plusieurs parts, à savoir, comme pour la première fois, en quatre. Une fois préparé, on l'emporte donc, car on n'est pas censé le manger à l'intérieur du snack, on le consommera ailleurs en petit groupe. Le *Gatsby* est donc à la fois synonyme d'exclusion et de communauté.

Le *sandwich Gatsby* reste également tout au long des années suivantes le produit d'une *community*, que chacun a le droit d'enrichir comme il l'entend. Un mets auquel tout un chacun peut librement contribuer fait donc son apparition dans un pays et à un moment où règne l'oppression. Il en existe une version garnie d'un steak relevé au massala. Il en existe des versions au poulet et au fromage, avec des saucissons entiers ou avec du goulasch. Pandy lui-même en propose également une au poisson frit et une autre au calamar. On rivalise de hardiesse dans l'utilisation de nombreux ingrédients riches en graisse (les pommes frites sont toujours au rendez-vous), lesquels témoignent de très diverses influences culturelles – ainsi que dans la taille du plat, auquel même un courageux ne pourra réserver un sort tout seul.

Athlone se développe dans les années 1980, jusqu'à devenir un épicentre de la résistance au régime de l'apartheid. Les jours de grandes manifestations, les petits snacks locaux restent ouverts jusque tard le soir, afin que les militantes puissent encore avaler quelque chose après. On peut s'imaginer sans peine les *Gatsbys* passer en nombre au-dessus des comptoirs pour atterrir, divisés en nombreuses parts, dans les mains gesticulantes des manifestantes tandis que l'on continue de palabrer et de planifier la suite des événements. Déjà, dans l'Antiquité romaine, la classe supérieure régnante essayait de fermer les tavernes des plébéiens, par peur d'une conspiration. Ici, dans les ghettos et les townships d'Afrique du Sud, de tels lieux n'existent pas ; c'est dans les snacks, où l'on achète et consomme tous ensemble des sandwichs conçus pour être partagés, que naissent des espaces communicationnels permettant l'échange des idées. La nourriture fait tout simplement naître un sentiment de communauté – et elle contribue à entretenir une résistance communautaire.

Quelques années après la fin de l'apartheid, le *Gatsby* fait soudain irruption dans le débat public. Une styliste culinaire et cuisinière blanche, elle-même née au Cap, présente dans une vidéo sa propre version du sandwich, avec épinards hachés, curry, mayonnaise, quartiers de pommes de terre, chutney de prunes et roquette, tout cela se retrouvant au sein d'une très européenne ciabatta. Et les habitants des faubourgs du Cap de mener campagne contre cet acte d'appropriation culturelle. Car si le *Gatsby* est un plat fondamentalement collaboratif, synonyme d'ouverture, cela ne vaut tout de même que pour une *community* bien précise. Le *Gatsby* représente cette partie de la société qui a fini par se rebeller contre l'oppression, il est indissolublement lié au sentiment de fierté qu'inspirent à leurs habitants les lieux où s'est déroulé ce soulèvement. Aujourd'hui, lorsqu'on se rend à Athlone, c'est une immense fresque murale qui attire tout de suite l'attention, on y lit les mots suivants : « *Home of the Gatsby.* »

Vers 1995

Huile d'olive, royaume d'Espagne

Le nouveau millénaire approche. Partout dans le monde, on craint un énorme bug au cours de la nuit du 31 décembre 1999 au 1er janvier 2000. Puis vient le choc du 11 septembre, qui représente pour beaucoup une coupure fondamentale. La radio diffuse en boucle une chanson d'Enya, toujours la même et particulièrement mélancolique, et l'on médite à loisir, non sans inquiétude, sur les monstruosités dont l'homme peut se rendre capable. C'est au cours de ces années où régnait une ambiance générale de fin du monde que des critiques gastronomiques ont commencé à s'emballer pour une nourriture d'un type tout à fait nouveau.

Je veux parler d'une manière raffinée de jouer avec les attentes et les vieux schémas de perception : ce que l'on pense être sucré se révèle amer ; ce qui est censé être solide s'avère fondant ; ce qui semble dégager une vapeur chaude est en fait gelé. Il est dès lors question d'espuma – d'écume –, de sphères et de textures. Les assiettes disparaissent dans de spectaculaires brumes artistement provoquées. Et celui ou celle qui mange à la cuillère une prétendue banale soupe aux pois, sans se douter de quoi que ce soit, apprendra que celle-ci est en fait le produit d'une déconstruction sophistiquée ; un pois se dissout dans l'air mousseux, tandis qu'un autre se révèle être de la glace et que le suivant éclate contre les dents.

Au centre de cet art culinaire avant-gardiste, qui se nomme « cuisine moléculaire », se trouve *El Bulli*, un restaurant situé au bord d'une baie pittoresque de la Costa Brava. Jadis bar de plage, il a fini par devenir un restaurant trois étoiles sous la houlette créative du chef Ferran Adrià : après avoir dans un premier temps adapté la cuisine du chef qui l'avait précédé, Adrià débute ses premières expériences au milieu des années 1990. On raconte sur un ton respectueux qu'une ligne téléphonique dédiée aux réservations de l'année est ouverte le temps d'une seule journée, en janvier. En une heure et demie, toutes les tables sont réservées pour l'année à venir. Les quelques témoins visuels du spectacle catalan évoquent une mousse d'eau parfumée au feu de bois, du caviar de jus de melon, des croquettes fondantes, de l'air de carotte, un ballon fait d'un très vaporeux gorgonzola ou de délicates feuilles pressées à partir d'une purée de mangues déshydrogénées. Les trente plats faits d'aliments déconstruits sont servis dans un intérieur étonnement démodé – une autre manière d'aller à rebours des attentes nourries par la clientèle. L'espace dédié à la restauration donne le sentiment de se retrouver dans la salle à manger d'une hacienda d'un temps révolu, avec au sol ses dalles ornementales, avec ses lourdes chaises en bois sombre, ses coussins en velours rouge et ses poutres apparentes laissant échapper de temps à autre de légers craquements. C'est dans cette capsule temporelle poussiéreuse qu'est censé débuter l'avenir de l'alimentation.

Un plat iconique droit sorti du laboratoire culinaire d'Adrià : l'olive sphérique, que le chef entreprend de concevoir peu après le tournant du millénaire. Il s'avère que les olives sont dans un premier temps dénoyautées et réduites en purée, puis pressées au cœur d'un torchon, jusqu'à ce qu'il n'en reste plus que le jus. À l'aide d'une petite cuillère à mesurer, ce jus est placé dans un bain d'eau froide et de poudre d'alginate. Le chlorure de calcium de l'olive se sépare immédiatement de l'alginate et vient former une peau ferme autour du liquide – de la pure et simple chimie. Ces nouvelles olives dénuées de corps sont alors extraites du bain et placées dans un bocal rempli, de façon tout à fait traditionnelle, d'huile d'olive, de romarin et de rondelles de citron. Ainsi camouflées en olives que l'on aurait longtemps laissées mariner, elles sont servies le lendemain. Le serveur en extrait une du bocal, et c'est posée au bout d'une cuillère qu'elle vient atterrir dans l'assiette du client – un client tout d'abord pour le moins déconcerté. Et c'est alors la surprise, la rupture avec les attentes qui avaient été nourries. Cette olive d'un genre inédit éclate littéralement dans la bouche, le convive laissant échapper une expression de ravissement stupéfait. Car ce qui explose là contre le palais n'est qu'arôme pur : un arôme intense, salé, le goût de l'olive dans son absolue pureté. Ou comme l'écrivit Mark Bittman, un éditorialiste du *New York Times*, sans cacher son ébahissement et sans ironie aucune : « *An olive made of an olive. This is life-imitating art* » (« L'olive faite olive. De l'art qui s'attache à imiter la vie »).

La nourriture comme art, comme art avant-gardiste : ce n'est pas pour rien que Ferran Adrià a été le tout premier chef cuisinier invité à présenter ses plats, en 2007, à la *Documenta 12.* Peu avant l'ouverture de cette foire d'art contemporain, il annonça de façon quelque peu originale qu'il ne viendrait finalement pas à Kassel au motif qu'il ne pourrait très probablement pas y réaliser ce qu'il parvenait à créer à *El Bulli.* Mais cette attitude n'a pas mis un terme à l'admiration mondiale que lui valent ses créations. Pendant quatre autres années, jusqu'à ce que le restaurant ferme ses portes, en 2011, ses admirateurs se montrèrent capables d'à peu près tout pour prendre place l'espace d'une soirée sur l'une des cinquante chaises inconfortables de son établissement et y goûter cette nourriture qui imite la vie.

Naturellement, les praticiens de la cuisine moléculaire affirment s'attacher avant tout à capturer l'essence d'un produit particulier. Et vouloir élever un plat au statut d'idée, lui rendre ainsi hommage en le transformant en une écume aromatique. La nourriture devient une expérience cérébrale. Mais, avant toute chose, le fait de cuisiner en recourant à des boîtes de Petri représente un jalon considérable dans le processus de mise à distance par l'homme de sa pitance.

Ce n'est assurément en rien un hasard si la gastronomie moléculaire connaît son apogée en ces années-là, au cours de cette période où l'homme détruit son environnement comme il ne l'avait jamais encore fait auparavant, sans aucun égard et de la façon la plus fataliste qui soit. C'est qu'il a entièrement perdu tout rapport avec la nature. Pipette en main, il rit au visage de la Création : tes olives pendent peut-être aux branches des oliviers depuis des millénaires mais nous, nous pouvons faire une olive qui explose contre le palais, ah ! Certes, cela fait déjà longtemps à cette date que des cuisiniers s'efforcent d'en « mettre plein la vue » et élaborent de très sophistiquées techniques d'imitation – songeons seulement à l'art culinaire de l'Antiquité. L'inédit ici consiste à faire perdre à la nourriture toute sa consistance pour n'en saisir que la saveur. Avec ses mousses et ses brumes sèches, Adrià évide littéralement la nourriture, il lui fait perdre tout corps, jusqu'à la faire flotter au-dessus des assiettes telle une chimère.

L'homme du nouveau millénaire a-t-il rejoint l'avenir ?

1999

Un rôti d'agneau dans le plus simple appareil, Royaume-Uni de Grande-Bretagne et d'Irlande du Nord

« *It's gonna be simple. It's gonna be tasty. It's gonna be fun.* » (« Ce sera simple. Ce sera goûteux. Ce sera amusant. ») C'est avec ces mots qu'un cuisinier anglais d'un peu moins de 24 ans, du nom de Jamie Oliver, ouvre son programme télévisé. En 1999, il passe pour la première fois à l'antenne de la BBC avec son émission de télévision *The Naked Chef* (*Le Chef dans le plus simple appareil*). Sans probablement se douter encore des effets dont il sera à l'origine. À cette date, cela fait déjà plusieurs décennies que la pratique culturelle immémoriale de la cuisine a accompli son tournant médiatique. Elle s'est entre-temps incrustée dans les programmes télévisés quotidiens, jusqu'à y occuper une place de choix. Toutefois, les émissions de cuisine qui avaient cours jusque-là ne se départaient pas d'une certaine ambition didactique. Leurs présentateurs et présentatrices y donnaient leurs explications droit dans les yeux de la caméra, en s'adressant pour ainsi dire directement à leur public – un public qui était dans un premier temps composé avant tout de femmes au foyer. Les premières années, Jamie Oliver ne parle jamais droit dans les yeux de la caméra. Son émission se déroule dans une cuisine ostensiblement banale d'un appartement londonien aux dimensions joyeusement modestes. Tout en cuisinant, il échange en permanence avec une personne située hors champ quelque part derrière la caméra et, dans sa manière de faire, il prend soin d'écarter tout ce qui pourrait sembler relever du cours magistral.

Oliver célèbre le plaisir de cuisiner, un plaisir qui s'assume comme tel, parfaitement déraisonnable, et ce faisant il pousse une génération entière – celle des vingtenaires – à fréquenter les fourneaux. À cet effet, il adopte une manière de faire ostensiblement étrangère à toute technique, il n'utilise jamais d'ingrédients qui pourraient paraître prétentieux et ne recourt pas plus à des techniques qui pourraient passer pour telles – dans le plus simple appareil, effectivement, comme l'annonce le titre de son émission. C'est au moyen d'une bouteille de vin qu'il écrase les gousses d'ail, il presse les citrons à la main, il fait un usage extensif de la râpe à fromage, il étale le beurre avec les doigts et, tout en laissant échapper de folles grimaces, réduit en pièces les graines de coriandre dans un mortier de pierre tout à fait rustique. Lors de sa première émission, c'est en toute décontraction et sans recourir à la moindre combine de professionnel qu'il perfore au couteau un rôti d'agneau, et cela afin d'y glisser de l'ail et des herbes. L'émission d'Oliver s'attache à mettre en valeur les courts et beaux instants que l'on connaît toujours lorsqu'on cuisine : l'instant où les pommes de terre au four deviennent bien croustillantes dans leur beurre chaud ; l'instant où la peau du poulet rôti commence en pleine cuisson à faire des petites bulles ; l'instant où le chocolat chaud se met à fondre dans la pâte... L'agneau très odorant est découpé en tranches épaisses sur une planche en bois pour le moins rudimentaire. De temps à autre, Oliver rejoint avec sa petite Vespa le marché pour y acheter des piments forts aux couleurs vives. Il y bavarde avec d'autres cuisiniers avant de revenir chez lui auprès de la casserole contenant le ragoût en train de mijoter et d'y accueillir un ami surgissant sans crier gare. *The Naked Chef* ne montre pas seulement comment cuisiner de la nourriture savoureuse. Cette émission propose également à son public un projet de vie entier, urbain, convivial, à la mode et agréable : la cuisine devient un style de vie.

Cela a des conséquences de grande ampleur car, tandis qu'Oliver accède rapidement à la célébrité tout en incitant de nombreux étudiants à se mettre à la cuisine dans leurs colocations, les réseaux sociaux se développent eux aussi rapidement. Et depuis que la nourriture, ce besoin le plus fondamental de l'homme, est devenue à une vitesse grand V quelque chose de cool, elle se voit diffusée et mise en scène dans des formes tout à fait inédites. Le fait de photographier en permanence les plats que l'on a préparés en fait partie. Des applications et des filtres sont dédiés à cette activité, grâce à eux il devient possible de mettre en scène d'une façon particulièrement léchée les petits plats que l'on a concoctés. La nourriture devient une expérience visuelle et celle-ci se propage sur internet à une vitesse folle. En 2004, un mot clé d'une importance décisive fait son apparition sur la Toile : « *#foodporn* ». D'innombrables motifs se sont amoncelés sous ce hashtag jusqu'aujourd'hui. Le terme désigne des images de mets suscitant l'appétit d'une manière quasi obscène et que l'on contemple en éprouvant un indéniable désir voyeuriste : celle d'une pizza dont les bords ruissellent de fromage et de graisse, celle d'un gigantesque burger dont la sauce jaillit littéralement, celles d'opulentes tartes, celles de steaks posés sur des plateaux, prêts à la dégustation et s'offrant aux regards concupiscents... Ces images se montrent à l'évidence très proches du « régal pour les yeux » des natures mortes baroques, mais il existe entre elles une différence fondamentale : les peintures du XVIIe siècle offrent en règle générale aux regards des produits crus, qui n'ont pas été traités. Certes, les fruits, les légumes et les crustacés, par exemple, ne tardent pas eux non plus à perdre de leur éclat, mais ils y sont mis en scène dans toute leur fraîcheur originelle. Alors que le *foodporn* s'attache à mettre en scène cet instant plus fugace encore où un plat vient tout juste d'être concocté : les mets qui sont ainsi présentés ont quelque chose de très vivant, ils dégagent de la fumée et donnent le sentiment que l'on va se tacher en leur réservant un sort – vite, faire un instantané et savourer la chose ! Dans cette mesure, ces photos s'adressent moins aux yeux admiratifs qu'au ventre et à la bouche, qui en salive déjà.

La nourriture devient ici un bien susceptible d'être consommé à divers niveaux – de façon immédiate mais aussi sur écran, comme un plaisir esthétique et comme un excitant. La nourriture devient de surcroît une manière d'exprimer ou de manifester son appartenance à une communauté et de revendiquer un certain style de vie, et ici il faut en revenir à Jamie Oliver. Sa carrière débute alors qu'on change de millénaire, au cours de cette période de grande fébrilité générale et durant laquelle beaucoup éprouvent le besoin de se replier dans la sphère privée et dans leur vie familiale à la fois très étroite et jugée plus sûre. C'est pour eux qu'Oliver cuisine, il leur offre une sorte de cocon, un espace de protection émotionnelle. Sa cuisine – de la *comfort food*, de la nourriture-réconfort – correspond en fin de compte en bien des points au *foodporn* : des plats qui regorgent de sucre et de graisse, avec lesquels il s'agit « tout simplement de se faire plaisir, là, maintenant ». Mais ce sont aussi des plats qui nous procurent immédiatement un sentiment de délectation et qui éveillent la nostalgie. Pâtes, pizza, ragoûts… Tout cela a le goût de l'enfance, de plats concoctés avec amour. Alors que la cuisine avant-gardiste qui prospère à la même époque invente, en recourant aux technologies les plus sophistiquées, une nourriture désincarnée et découplée de toute naturalité, Oliver, lui, pétrit lui-même son pain et concasse lui-même les gousses d'ail nécessaires à un bon vieux rôti – ce rôti qui nous réunit à la maison autour d'une table, heureux, tandis que la froideur du monde, là, dehors, se dissipe dans le glougloutement satisfait des casseroles.

2003

Bouillon au foin avec moules et champignons, royaume du Danemark

Une petite touffe de foin, disposée avec soin dans un bol tout simple. Un pot de bouillon clair, brun noir dégage de la vapeur, on verse son contenu sur le foin, de la graisse soyeuse vient scintiller à sa surface. Le foin s'imbibe pendant quelques secondes. Soudain turbulente et sauvage, et même déchaînée, la touffe se dilate d'un seul coup, elle remplit le bol entier, telle une fleur en train d'éclore. On porte le bol à ses lèvres et on boit le bouillon bruyamment, à travers le foin, qui sent les prés chauds de l'été. Le bouillon a un goût terreux et salé, le goût de la forêt et de la mer. Quant au petit spectacle du foin se dilatant soudain, comme sur le point d'éclater, inutile de croire voir ici un tour de magie relevant de la cuisine moléculaire : c'est un pur effet de la nature.

Dans la foulée du changement de millénaire, il se produit une prise de conscience générale : on commence à se dire que cela ne peut plus continuer ainsi. Un peu comme une touffe de foin en train de s'ouvrir dans son bol, quoique de façon bien plus lente – dans un ralenti en vérité plus que laborieux, qui aurait tout de l'avancée d'une limace (le processus se poursuit d'ailleurs encore et toujours). La brève existence de l'humanité menace en effet déjà d'approcher de son terme. En cette période où l'on s'approche de la vérité comme des somnambules, un restaurant qui s'avérera à l'origine d'un mouvement culinaire d'ampleur mondiale ouvre ses portes à Copenhague. Bien évidemment, c'est du *Noma* dont il est ici question, un établissement dirigé de très créative façon par le chef cuisinier René Redzepi. Son idée ? Cuisiner uniquement ce que l'on trouve dans les environs immédiats. Ce parti pris local est particulièrement radical dans un pays où, de nombreux mois durant, il ne pousse pratiquement rien au sol. Les produits qu'il déniche ainsi et qu'il apporte sur ses tables sont d'autant plus surprenants et, à première vue, souvent aussi non comestibles (et c'est en cela que réside la radicalité du geste, car la « nouvelle cuisine » s'est elle aussi déjà tournée vers les produits locaux) : de la mousse fermentée, des larves d'abeilles caramélisées, des poires marinées accueillant en elles de la crème au varech. Le programme est souvent à la sobriété : un peu de jaune d'œuf, une modeste pomme de terre, quelques fleurs de sureau. Du pain plat en forme de galette accompagné de pétales de rose. De la mousse de lait de brebis, et avec cela un granité d'herbes des prés. Du poireau grillé avec cendres, accompagné d'une noisette, de yogourt et d'une sauce au poulet caramélisée.

Le concept de Redzepi représente avant tout une nouvelle cuisine nordique, nouvelle parce que pensée de façon bien plus radicale et sans compromis que tout ce qui avait été pratiqué – fermenté, mariné et cuisiné – auparavant en Scandinavie. Redzepi, logiquement, est du nombre des signataires de premier plan du « Manifeste pour la nouvelle cuisine nordique » de 2004, qui revendique de recourir avec enthousiasme à des denrées alimentaires plus locales et traditionnelles et qui revendique aussi un retour à une production artisanale. Ce faisant, il donne expression à une nouvelle aspiration nostalgique qui, en ces lendemains de changement de millénaire, s'empare partout des hommes : le désir teinté de nostalgie de consommer des produits fabriqués artisanalement par de petites usines locales et des entreprises familiales poursuivant leur activité depuis des générations. Cette vision d'une persistance de bon ton – parce qu'elle revêt aussi une dimension esthétique – s'étend à de nombreux domaines de la vie : au design intérieur par exemple, à la mode, à la typographie, au tourisme et tout particulièrement à la gastronomie, jusqu'aux alcools forts désormais produits pour nombre d'entre eux par de toutes petites distilleries et dont les étiquettes ont dans le meilleur des cas été imprimées par d'obscures presses à l'ancienne mode.

Alors que la cuisine moléculaire s'attachait à déconstruire et à évider la nourriture, et toujours dans l'idée de surpasser la nature, la cuisine de Redzepi adopte la position exactement inverse : elle exalte le produit individuel, elle glorifie le poireau, voue un culte à l'herbe des prés. L'homme a presque entièrement assujetti et détruit la nature, et maintenant il cherche à renouer avec elle : alors que, peu de temps auparavant, il mettait un point d'honneur à défier la Création, il rampe désormais devant elle, en reniflant du foin avec enchantement. Redzepi a l'intuition de tout cela, par exemple quand il prépare à la perfection quelques rares ingrédients de façon tout à fait artisanale, et toujours dans l'objectif de mettre en tout premier lieu en valeur le produit dans son entière beauté aromatique. Sa technique culinaire, il l'articule donc à son parti pris local sans compromis consistant à partir en quête d'aliments dans les environs immédiats et à s'en tenir là (c'est ce qui fait probablement, avant toute chose, la célébrité de son restaurant, sur lequel ne tardent pas à pleuvoir les étoiles et les distinctions, car très vite un genre journalistique à part entière a fait son apparition, que l'on pourrait baptiser ainsi : « En quête de nourriture aux côtés de Redzepi. » Des auteurs, des journalistes font le déplacement dans le Grand Nord pour aller arpenter les bois et les prés en compagnie de ce chef cuisinier aussi placide que sympathique et goûter simplement tout ce qui y pousse). Une manière de faire retour vers l'homme des premiers temps : ce cueilleur qui errait à travers la nature et mangeait ce qu'il pouvait y trouver.

Cette manière de renouer avec la nature en allant y pratiquer la cueillette fait des vagues dans le secteur de la gastronomie de luxe (même si les cônes de sapin, les mousses et les fourmis ne coûtent rien, la préparation de ces aliments est si onéreuse dans le secteur de la cuisine étoilée que tous les établissements concernés ne peuvent pas forcément se permettre cette nouvelle idolâtrie de la nature), de très nombreux restaurants débutant leur activité revendiquant un parti pris semblable. On se réclame d'un « amour du local pur et dur » ou on revendique une « cuisine naturelle alchimique » en recourant par exemple à des pigments minéraux ou à des potirons que l'on aura au préalable déposés sur des fourmilières avant de cuire sous vide le fruit décomposé par l'acide et d'en faire une purée. Même s'il s'agit là d'une cuisine élitiste, l'idée est bien la suivante : inutile de faire venir de l'autre bout du monde des produits exotiques pour préparer un plat de grande qualité – et c'est une idée importante, fondamentale. Malheureusement, cette cuisine très bien intentionnée quoique peu innovante va tirer un peu trop sur la corde : c'est ainsi qu'on servira sur table, à grand renfort d'homélies dogmatiques, un simple bâton de poireau carbonisé ou une tranche d'un quelconque poisson sans saveur que l'on aura déniché dans une mare située à proximité mais dont on aura tout de même abrégé les souffrances en recourant à une technique samouraï immémoriale. En de tels instants, on se prend forcément à espérer que les ingrédients mentionnés sur la carte aux dix plats aux prix exorbitants ne proviennent pas tous du parking en friche situé derrière le restaurant. Des broussailles brûlées restent des broussailles. Le cueilleur de l'âge de glace n'aurait pas envisagé les choses autrement.

Vers 2010

Salade de méduse de Nomura, Japon

Fin des années 2000, quelque part sur le littoral à proximité de Tokyo. Le petit matin est frisquet et un bateau de pêche glisse avec lenteur sur les eaux. Un marin se tient accoudé tout seul au bastingage et surveille la mer. Soudain, il se raidit et pousse un cri. Dans les flots, en contrebas, tout autour du bateau et jusqu'à perte de vue, les eaux regorgent soudain de gigantesques méduses. Tels des aliens sortis d'une science-fiction apocalyptique, elles se dirigent vers le littoral, silencieuses et inexorables. Les corps géants, qui font jusqu'à 2 mètres, avec leurs cloches luisantes comme des têtes de champignon, traînent derrière eux des tentacules longs de plusieurs mètres. Il s'agit de la méduse de Nomura qui, depuis quelques années, déferle régulièrement tel un fléau biblique sur les côtes du Japon. Les énormes méduses viennent d'une façon ou d'une autre de Chine ou de Corée du Sud (personne n'entend se pencher sur cette question de trop près) et elles sont un des effets du réchauffement climatique et de la surpêche. Elles bouchent les filets de pêche et engorgent les autres poissons quand elles ne les étouffent pas, elles font même chavirer les bateaux. En somme : une catastrophe hors de contrôle issue des profondeurs de l'océan, dont l'équilibre complexe est bouleversé.

Une situation semblablement étrange et inquiétante se constate à peu près à la même époque aux États-Unis, dans les eaux de l'État de Washington. Un citoyen prévenant achète deux poissons à tête de serpent venant de Chine dans l'idée de préparer une bonne soupe pour sa sœur malade – en Chine, ces poissons sont très appréciés. La sœur se remettant tout juste d'une opération, les créatures aquatiques sont finalement accueillies dans l'aquarium familial où elles ne tardent pas à grossir de façon spectaculaire. Les têtes de serpent sont des poissons remarquablement méchants, munis de dents redoutablement acérées. Les jugeant finalement trop agressifs, leur propriétaire décide de les jeter dans une mare, derrière un grand centre commercial. Hélas, les poissons à tête de serpent peuvent survivre plusieurs jours hors de l'eau et ils savent aussi parcourir de bonnes distances en rampant sur le sol, tout bonnement, en s'aidant de leurs nageoires. Le résultat ? Le poisson se propage dans le fleuve voisin et ses affluents puis se met à vider les eaux de leurs populations en manifestant un appétit pour le moins vorace.

Quelques années plus tard, des crabes aux carapaces d'un rouge et d'un noir très vifs traverseront en trottinant les rues humectées par la pluie du quartier des ambassades de Berlin, ils déambuleront en bandes à travers les allées de promenade du Tiergarten, se baigneront dans les cours d'eau et les étangs du parc et auront affaire à un véritable fléau pour leur espèce : l'écrevisse américaine à pattes rouges, dont la présence dans ces eaux doit être probablement attribuée à des aquariophiles aimant remettre en liberté les animaux, et où elles extermineront leurs populations.

Depuis que l'homme parcourt la terre et l'exploite sans vergogne, il a aussi affaire aux espèces invasives. Quelles initiatives prendre contre elles ? Le moyen le plus prometteur pour protéger les différents écosystèmes d'une invasion totale d'intrus agressifs consiste à lâcher sur eux des agresseurs plus nuisibles encore. Dans le meilleur des cas dignes du prédateur le plus dangereux de la planète : l'homme. Avant que les créatures étrangères invasives finissent par tout dévorer, l'homme serait bien inspiré de leur réserver un sort sans recourir à d'autres.

Aucune autre espèce ayant un jour peuplé la planète Terre ne s'adapte aussi facilement que l'homme au tarissement d'une ressource alimentaire. C'en est fini du mammouth ? Aucun problème, passons tout simplement au buffle ! En théorie, l'homme peut tout manger, et il peut, en être vivant tout à fait unique en son genre, tout rendre consommable, à peu de choses près : en faisant bouillir, en faisant cuire à petit feu, en faisant mariner, en faisant fermenter – à vous de décider. Avec le phénomène des espèces invasives, le pendule oscille toutefois dans une nouvelle direction : soudain, c'est un produit bien précis qui en vient à surabonder. Qui plus est, il finit même par supplanter n'importe quel autre type de nourriture. Il s'agirait donc de se dépêcher de finir nos assiettes avant de ne plus y trouver, au déjeuner comme au dîner, que de la méduse… Car c'est précisément elle qui pourrait bien devenir la nourriture de l'avenir : elle ne se reproduit jamais autant que dans les pires conditions, celles qui donnent le sentiment de se retrouver dans une dystopie – ces conditions mêmes au sujet desquelles les climatologues nous mettaient déjà en garde il y a plusieurs décennies. Elle ne s'éteindra donc probablement pas aussi vite que nous. Des scientifiques parlent déjà d'une montée de substance visqueuse. Et peut-être est-ce là une chance pour nous. Après tout, notre espèce parvient si bien à survivre et à se reproduire que la question ne peut qu'être progressivement soulevée : que devons-nous encore manger ? La méduse pourrait bien nous sauver un jour : non seulement il est à l'évidence impossible de décimer entièrement son espèce, mais elle a de surcroît une santé de fer ; parfaitement dénué de toute graisse et de tout cholestérol, l'organisme amorphe de la méduse contient en revanche des protéines, du sodium, du calcium, du potassium et du magnésium.

En Chine, par exemple, on le sait depuis longtemps, et la méduse de Nomura y est un mets très apprécié. On la fait macérer dans du sel et on la fait sécher, jusqu'à la rendre croustillante (si on la faisait sécher à l'air libre, elle tomberait en poussière, et si on la faisait bouillir, elle ne formerait tout simplement plus qu'une substance gluante et collante). Dans une autre variante, les méduses sont servies avec de l'ail, de la sauce au soja et de la coriandre, après que les animaux mis à sécher ont été de nouveau mis à tremper dans de l'eau. On obtient ainsi de longues bandes vitreuses, quelque chose de glissant et ferme pourtant, faisant penser à une nouille de riz mise brièvement à bouillir. Au Japon, on mange également la méduse dans une marinade très relevée et on l'utilise aussi dans des salades et des soupes. Une équipe de chercheurs européens du nom de « GoJelly » s'est fixé pour objectif de rendre la méduse présentable, y compris pour la cuisine occidentale. Dans la mesure où la population mondiale s'élèvera bientôt à neuf milliards d'habitants, l'Européen féru de gibier et de pâté ne pourra pas y couper : à un moment ou à un autre, il lui faudra bien goûter à la très glissante créature. Raison pour laquelle ces scientifiques ont élaboré plusieurs propositions : du carpaccio de méduse, de la soupe de méduse méditerranéenne, de la méduse cuite sous vide agrémentée de faux caviar, de la méduse avec vermicelles et sauce au sésame...

Se nourrir d'animaux invasifs comme de plantes invasives mais en faire également des mets à la mode deviendra le modèle d'avenir. En guise de sandwich au poisson, on glisse l'écrevisse américaine de Berlin dans une brioche, et on en fait aussi un élément de base d'une bouillabaisse. Le crabe chinois, un autre indésirable, peut passer pour un homard. Aux États-Unis, les crabes asiatiques et la très envahissante pétasite se sont propagés sans qu'on l'ait voulu, et un premier restaurant en fait désormais des sushis. C'est l'homme qui a été à l'origine des grandes et petites invasions d'espèces sur terre comme dans les eaux, et il n'est que juste et normal qu'il goûte maintenant à la soupe – qui peut être tout à fait succulente. Mais prudence : lorsqu'on enlève par exemple à la méduse de Nomura ses tentacules toxiques sans respecter les règles de l'art, un risque sérieux menace alors le gourmet. Une autre petite épine dans la chair de l'humanité globale.

2020-2021

Dîner par temps de pandémie, partout dans le monde

Au début de l'année 2020, une pandémie se déclare à l'échelle du globe et transforme les villages et les villes en un film de science-fiction apocalyptique. Les habitants se barricadent chez eux tandis que l'armée patrouille en partie dans les rues désertées. Les visages disparaissent derrière les masques de protection. Les terriens se mettent à pratiquer la distanciation sociale. Constamment en proie à des sentiments d'absurdité et d'irréalité, des acheteuses esseulées défilent devant les vitrines réfrigérées des supermarchés et leurs produits sous plastique, eux-mêmes stérilisés au mieux, et étudient attentivement les indications mentionnées sur les produits rationnés. Ces mois – ou années – de distanciation sociale nous marquent profondément, ils suscitent des débats de société sur l'existence que nous souhaitons au juste mener. Nombre de ces discussions tournent autour de la nourriture : l'isolement et la vie en communauté, les stocks de provisions et l'angoisse, le réconfort, l'aspiration nostalgique, la guérison et le rêve de l'autosuffisance sont autant de thématiques abordées dans le cadre de ces débats.

Le repas pris en commun est un pilier de soutènement de l'existence humaine. On l'a vu avec évidence durant le confinement, comme cela n'avait pas été le cas depuis longtemps. Tout au long de la pandémie, de nombreuses familles confinées sous un même toit se sont de nouveau réunies au grand complet autour de leur table à manger. Les trois rendez-vous classiques de la journée autour de cette table, qui à vrai dire avaient été abandonnés depuis un bon moment au motif qu'ils relevaient du passé et en raison de leur caractère intangible, ont de nouveau structuré le quotidien qui, pour le reste, était scandé de façon ininterrompue par le télétravail et les cours à distance. En revanche, les restaurants sont devenus des zones interdites, les soirées entre amis ont été bannies. Et on s'est donc restaurés ensemble par visioconférence, des menus multi-plats et des dégustations de bons crus ayant été mis sur pied par le truchement du numérique. La table commune accueillant une nourriture humée, savourée et partagée en même temps par l'ensemble des convives est alors devenue un phénomène virtuel. Quant au déluge d'images présentant nos créations culinaires respectives, il n'a fait que prendre sur la Toile des proportions plus monstrueuses encore. Mais, désormais, il s'agit moins de s'adonner au *foodporn* que de faire part de sa fierté d'avoir réalisé quelque chose chez soi et par soi-même. Car tout au long de la pandémie l'homme a fait bouillir et a fait cuire d'une façon véritablement enragée, comme s'il ne pouvait véritablement tabler sur aucun lendemain. Les épiciers ont alors noté une spectaculaire explosion des achats de sauces épicées et d'épices exotiques. Soudain, on a voulu des plats bien plus relevés, on a voulu que de l'inconnu pénètre dans la cuisine, et c'est le besoin de courir le monde qui a aussi bouillonné dans les cuiseurs vapeur et les woks nouvellement achetés. Et l'homme s'est mis à cuire de nouveau. Du pain, d'énormes quantités de pain, comme jadis ses ancêtres. Jusqu'à ce qu'il aille fixer d'un air hébété les rayonnages vides des supermarchés. Pour la première fois depuis de fort nombreuses générations, l'homme a su très concrètement ce que signifie ne plus avoir assez de farine pour cuire son pain.

Qui ne cuisine pas se fait livrer sa nourriture. Le mot d'ordre a été « sans contact » : on ouvrait la porte le visage recouvert de son masque pour réceptionner sur son seuil la marchandise livrée, déposée sur le sol telle une charge explosive par un livreur non moins dissimulé et qui s'était vite fait replié dans un recoin de la cage d'escalier. La nourriture s'est trouvée isolée dans ses boîtes et ses sachets étanches. Partout dans le monde, le plat le plus fréquemment commandé a été la pizza. Consolateur numéro un, gras et pâteux, le fromage fondu est une chaude et voluptueuse étreinte. Réconfortante comme toutes les savoureuses pâtisseries qui sentent si bon dans nos fours et qui endorment nos sens, à l'instar des bonbons dont le goût sucré fait brièvement oublier les choses déplaisantes, ou comme tous les autres petits et très fins hors-d'œuvre dont les ventes ont également explosé à ce moment-là. L'énorme succès de la *comfort food*, de la nourriture-réconfort tout au long des dernières décennies s'explique sans peine : c'est qu'elle a fait office, à chaque crise globale, d'accompagnatrice digne de confiance – et l'on ne peut ici qu'établir un parallèle évident avec le Moyen Âge, au cours duquel chaque famine avait été suivie de grandes bouffes tout à fait excessives. On observe aussi un très fort regain d'intérêt pour les vertus curatives de certains aliments, ce qui rappelle là encore l'époque médiévale. Soudain, on s'arrache partout des compléments alimentaires censés renforcer la résistance de l'organisme contre le virus alors en circulation. Mais on s'arrache aussi des fruits et légumes, de préférence issus de l'agriculture biologique locale. Le corps doit retrouver sa santé, tout comme l'environnement.

Chacun nourrit désormais des fantasmes d'autosuffisance. Cuire son propre pain, stocker ses conserves, mettre en bocaux et faire fermenter, tout cela est encore insuffisant. Au cours de la Première Guerre mondiale, déjà, aucune parcelle n'était trop petite pour cultiver des pommes de terre. Et l'on se met maintenant aussi à cultiver des salades, des herbes et des légumes sur les rebords des fenêtres, sur les balcons, sur des surfaces urbaines en jachère, ainsi que dans les jardins. La tendance est au jardin ouvrier qui catalyse l'aspiration nostalgique la plus forte du moment. Les listes d'attente pour avoir accès aux jardinets familiaux s'allongent considérablement. C'est ainsi que nous nous retirons toujours plus dans nos cocons, y vivant comme des coqs en pâte en nous préparant une infusion au curcuma.

Et puis ç'en est fini du cauchemar. Nous ouvrons grand les portes de notre appartement qui a été dans l'intervalle parfaitement redessiné et nous nous précipitons de nouveau dans les restaurants, dans les bras de nos êtres les plus chers que nous n'avons pas étreints de longue date. La machine à cuire le pain et le couteau Santoku prennent la poussière dans les étagères. Que restera-t-il donc de cet état d'exception fait de dîners pris en commun et d'excès culinaires ? Les futurologues pensent que l'homme s'enthousiasmera à l'avenir plus fortement encore pour la nourriture dont il est possible de « faire l'expérience ». Comme on pouvait déjà le lire en 2021 dans le rapport sur l'alimentation du futur rédigé sous la houlette de l'Institut de l'avenir, « cela commence pour les consommateurs par l'achat de produits alimentaires sur le marché, à la ferme, chez le boulanger, chez le boucher ou encore dans les épiceries fines, où ils peuvent discuter, humer, goûter ou se faire une idée de l'atmosphère régnant sur le site de production ». La nourriture en tant qu'expérience mobilisant tous les sens : ce serait tout de même une très bonne chose… Car plus nous en apprenons sur nos denrées alimentaires, plus nous jouissons en toute connaissance de cause de leur saveur et de leur diversité et, espérons-le, plus nous traitons de façon responsable nos ressources alimentaires. Et peut-être pourrons-nous encore, avec ce que nous mangeons, faire prendre un tour historique favorable à notre humanité.

Notes

Vers 5500 avant notre ère
Purée de céréales et pain d'épeautre, Europe centrale

1 Yuval Noah Harari, *Sapiens. Une brève histoire de l'humanité*, trad. de P.-E. Dauzat, Paris, Albin Michel, 2015.

Vers 700 avant notre ère
Pain aux raisins et oignons frits, Étrurie

1 Martin Köder, « Heureux de vivre en dépit d'une égalité de traitement. La vie quotidienne des Étrusques », sur le sitewissenschaft.de (20 décembre 2005) : wissenschaft.de/magazin/weitere-themen/lebensfroh-trotz-gleichberechtigung/

2 D. H. Lawrence, *Croquis étrusques*, trad. de J.-B. de Seynes, Paris, Le bruit du temps, 2010, p. 38.

Vers 600
Injera, royaume d'Aksoum

1 On pourra se reporter ici à l'édition anglaise de la relation de voyage de Jerónimo Lobo : *A Voyage to Abyssinia,* Dorset, 1887 (gutenberg.org/cache/epub/1436/pg1436-images.html).

2 Emilius Albert de Cosson, *The cradle of the Blue Nile. A visit to the court of King John of Ethiopia*, Londres, 1877, p. 98.

Vers 1150
Soupe médicinale, Saint Empire romain

1 Medicus Anthimus, « Incipit epistula Anthimi viri inlustris comitis et legatarii ad gloriosissimum Theudoricum regem Francorum ».

2 Voir Petra Hirscher, *Heilen und Kochen mit Hildegard von Bingen*, Stuttgart, 2010, p. 84.

Vers 1550
Douze onces d'aliments solides, quatorze onces de vin, Italie

1 Robert Gugutzer, « Körperkult und Schönheitswahn. Wider den Zeitgeist », *in* Körperkult und Schönheitswahn, *Politik und Zeitgeschichte* 18/2007, p. 4.

2 Heinrich Hoffmann, *Lustige Geschichten und drollige Bilder mit 15 schön kolorierten Tafeln für Kinder von 3-6 Jahren*, Literarische Anstalt, Francfort-sur-le-Main, 1845, p. 17.

Vers 1560
Faux rôtis de chevreuil, Saint Empire romain germanique

1 Auteur anonyme, *Koch vnd Kellermeisterey*, Francfort-sur-le-Main, 1559 (voir unigiessen.de/de/fbz/fb05/germanistik/absprache/sprachverwendung/gloning/tx/kochkell.htm)

Vers 1584
Bortsch, République des Deux Nations

1 Stefan Scholl, « Borschtsch soll Welterbe werden. Russland und Ukraine streiten um Rote-Bete-Suppe », in *Lindauer Zeitung*, novembre 2020.

2 Conférence de presse du ministère russe des Affaires étrangères (8 avril 2022).

3 Unesco, Culture of Ukrainian borscht cooking, 2022 (voir ich.unesco.org/en/USL/culture-of-ukrainian-borscht-cooking-01852).

4 Institut pour la culture ukrainienne, « Pour une inscription du bortsch par l'Unesco sur la liste du patrimoine culturel immatériel », 2020 (voir ich.unesco.org/en/USL/culture-of-ukrainian-borscht-cooking-01852).

Vers 1650
Cygne rôti, Europe

1 Georg Philipp Harsdörffer, *Vollständiges und von neuem vermehrtes Trincir-Buch*, Nürnberg, 1657, p. 210.

1651
Sauce, France

1 Cité par Massimo Montanari dans *La Faim et l'Abondance. Histoire de l'alimentation en Europe*, trad. de l'italien de M. Aymard, Paris, Seuil, coll. « Faire l'Europe », 1995, p. 161. [Nous citons ici l'original. (*N.d.T.*)]

2 Julia Child, *Mastering the Art of French Cooking*, New York, Knopf, 1961 pour le t. I et 1970 pour le t. II, rééd. 2001.

3 Wolfram Siebeck, *Kochschule für Anspruchsvolle*, Munich, 1976, p. 45.

Vers 1700
Tea time, royaume d'Angleterre

1 Eduard von Keyserling, « Zur Psychologie des Komforts », in Keyserling, *Feiertagsgeschichten*, Göttingen, 2008, p. 122.

2 *Ibid.*, p. 121.

1770
Pommes de terre en robe des champs, royaume de Prusse

1 Joachim Nettelbeck, *Des Seefahrers Joachim Nettelbeck höchst erstaunliche Lebensgeschichte von ihm selbst erzähl*, Göppingen, 1994 (1re éd. 1821), p. 2 et suiv

2 Antonia Humm, Marina Heilmeyer et Kurt Winkler (dir.), *König & Kartoffel. Friedrich der Große und die preußischen « Tartuffoli »*, Berlin, 2012, p. 102.

3 *Ibid.*

Vers 1880
Des plats du nom de Bismarck, Empire allemand

1 Hedwig Heyl, *ABC der Küche*, Berlin, 1888, p. 297.

1882
Grève de la faim, Empire russe

1 George Kennan, *Sibirien*, Leipzig, 1891 (cité d'après projekt-gutenberg.org/kennan/sibirien/part2chap 006.html).

Vers 1900
Sandwich au pastrami, États-Unis

1 Christian Kassung, *Fleisch. Die Geschichte einer Industrialisierung*, Paderborn, 2021, p. 124.

Vers 1900
Petit noir, monarchie austro-hongroise

1 Cité par Christian Brandstätter, « Hier kann man allein und doch in bester Gesellschaft sein », Welt.de, 3 janvier 2021.

2 Peter Altenberg, *Esquisses et nouvelles esquisses viennoises*, trad. de l'allemand de M. Couffon, Arles, Actes Sud, 1989.

Vers 1920
Menu du jour, république de Weimar

1 Présidente de l'université de Göttingen (dir.), *Die alte Mensa am Wilhelmsplatz. Geschichtsträchtiges Tagungshaus*, Göttingen, 2016, p. 31.

Vers 1930
Toasts-Bauhaus et *Carneplastico*, Europe

1 Judith Hecht, « Pablo Picasso : Sogar ein Kochtopf kann schreien », falstaff.com (8 novembre 2021), falstaff.com/de/news/pablo-picasso-sogar-ein-kochtopf-kann-schreien/

1937
Omelette-BBC, Royaume-Uni de Grande-Bretagne et d'Irlande du Nord

1 *Le Livre de cuisine d'Alice Toklas*, trad. de l'anglais (États-Unis) de C. Teeuwissen, Paris, Minuit, 1981.

Vers 1950
Bánh mì, Vietnam

1 Andrew Lam, « The Marvel of Bánh mì. From France to Vietnam and beyond : Journey of a Sandwich », in *Cairo Review* 18/2015, p. 69.

2 *Ibid.*

1958
Soupe de vermicelles du peuple, République populaire de Chine

1 Yang Jisheng, *Grabstein – Mùbei : Die große chinesische Hungerkatastrophe 1958-1962*, Francfort-sur-le-Main, 2012, p. 460. [Éd. fr. : *Stèles. La grande famine en Chine, 1958-1961*, Paris, Seuil, 2012, rééd. coll. « Points », 2014. (*N.d.T.*)]

Vers 1970
Buffet, République fédérale d'Allemagne

1 Essen & trinken (dir.), *Kalte Küche von A-Z*, Hambourg, 1977.

2 L. Fritzsche, *Illustrierte Tafelkultur, Servietten-Album*, Leipzig, 1918, p. 47 et suiv.

Table

COMPOSITION ET MISE EN PAGES
NORD COMPO À VILLENEUVE-D'ASCQ

ACHEVÉ D'IMPRIMER PAR CPI
EN SEPTEMBRE 2024

N° d'impression : 180401
Dépôt légal : octobre 2024
Imprimé en France